Hilaire *BAUDOIN*, prêtre.

ROUILLÉ

Son origine

Son histoire

Paroisse de Rouillé

CHEF-BOUTONNE

IMPRIMERIE ET RELIURE DE JAVARZAY. — A. MOREAU ET Cⁱᵉ

—

1912

Hilaire BAUDOIN, prêtre.

ROUILLÉ

Son origine

Son histoire

—— ❧❧ ——

Paroisse de Rouillé

CHEF-BOUTONNE

IMPRIMERIE TYPOGRAPHIQUE ET RELIURE DE JAVARZAY

—

1912

Nihil obstat fidei bonisve moribus

P. VIGUÉ.

IMPRIMATUR :

Pictavis, die 8ᵃ Martii 1912.

† *Ludovicus*, ep. Pictaviensis.

Poitiers, le 21 Juillet 1912.

Monsieur le Curé,

Vous allez publier une monographie paroissiale intéressante dont je suis heureux de vous féliciter.

En l'écrivant, vous n'avez point perdu de vue l'âme de vos paroissiens ; vous vouliez, comme vous le dites dans votre préface « leur faire aimer davantage cette terre arrosée de la sueur et du sang des aïeux ». C'est une belle et bonne pensée. Il existe, en France, à l'heure présente, beaucoup trop de *déracinés* de leur terre natale. Je souhaite que les habitants de Rouillé, quand ils liront les pages que vous avez écrites à leur intention, sentent grandir en eux l'amour de leur petite patrie, afin d'y enraciner davantage leur cœur.

Votre livre est une bonne action. Il est aussi un bon exemple. Les recherches d'histoire locale peuvent occuper utilement et honorablement les loisirs d'un prêtre, et c'est encore une manière d'apostolat pour la vérité.

Je forme donc le vœu que, dans la mesure où les devoirs du ministère sacerdotal le permettent, vous ayez beaucoup d'imitateurs dans le clergé. Leurs travaux historiques seraient, sans nul doute, d'un grand intérêt pour l'histoire générale de Notre cher diocèse.

Croyez bien, cher Monsieur le Curé, à mes sentiments bien affectueusement dévoués.

† LOUIS,

Evêque de Poitiers.

A Mes Chers paroissiens,

C'est à vous, à qui je dédie l'Histoire de notre chère paroisse. Depuis sept ans que je suis avec vous, elle m'a coûté bien des recherches ; mais en feuilletant ces vieux écrits, où sont narrés les faits et gestes de nos ancêtres, j'éprouvais un charme séduisant.

Je vous livre donc ces pages avec toute leur imperfection. Elles n'ont qu'une humble ambition, vous faire aimer davantage cette terre, arrosée de la sueur et du sang de vos aïeux, et pétrie de leurs souvenirs.

Rouillé, en effet, a eu sa part dans les luttes gigantesques qui se sont déroulées en Poitou. « C'est en Poitou que Clovis a défait les Goths, que Charles Martel a repoussé les Sarrazins. Le Poitou a été le centre du Calvinisme au XVe siècle. Il a recruté les armées de Coligny, et a tenté une république protestante ». (Michelet).

Ces armées, ces barbares, ils ont saccagé notre sol ; ces discussions religieuses, elles ont eu leurs conséquences chez nous.

Aimez donc votre petit pays ! Les cendres de vos prêtres et de tant de catholiques vos devanciers, qui reposent sous vos pieds, vous prêchent bien haut et la fidélité à vos devoirs religieux et l'amour de votre patrie.

En lisant cette Histoire, où beaucoup d'entre vous, sans doute, rencontreront les noms de leurs familles, vous apprendrez que, si parfois Rouillé a connu des époques de défaillance, au moment où le Calvinisme l'entraîna loin du Credo de ses XV premiers siècles, s'il a accueilli avec un enthousiasme délirant les principes de la Révolution, il possède aussi à son actif, outre ses égarements, d'avoir toujours passionément aimé son indépendance, et d'avoir compté dans son sein des hommes qui, aux heures critiques, se montrèrent des héros devant Dieu.

Vous saluerez tous ces hommes quels qu'ils soient, qui ont contribué à son bien-être, et vous enverrez un cri de reconnaissance à tous ceux qui ont planté sur ce sol, maintenu, arboré, défendu, le drapeau de votre religion.

Puissent leurs nobles sentiments, faire aussi battre vos âmes ! Restez tous dignes d'un tel passé, voulant laisser à vos enfants, intact, cet héritage sacré fait d'une foi séculaire ! Conservez entre vous tous la paix qui féconde tout ! Travaillez à rendre ce petit coin de terre, toujours fidèle à Dieu, et remarquable de prospérité et de fertilité.

Rouillé, en la fête de saint Hilaire, 13 janvier 1912.

Abbé Hilaire BAUDOIN,

Curé de Rouillé.

ORIGINE ET HISTOIRE DE ROUILLÉ

PREMIÈRE PARTIE

Notions préliminaires

CHAPITRE PREMIER

Aspect général contemporain

Situation

Lorsque le voyageur de loin aperçoit le bourg de
Rouillé, il lui apparaît comme un nid de verdure d'où
émerge, un svelte clocher de pierres. Lorsqu'il le traverse,
il est frappé de la parfaite harmonie des différentes
routes qui aboutissent sur la place de l'église. Les maisons qui, toutes, sont de construction récente, donnent une impression de coquetterie, en même temps
qu'elles témoignent de l'intelligence des habitants. Puis
si, par une belle journée de printemps ou d'été, il s'égare
dans le vaste labyrinthe de nos chemins ruraux, il sera
frappé de l'abondante fertilité de nos champs, protégés
par de hautes haies d'épines. Çà et là, il rencontrera un
de nos fiers campagnards, et, dans sa physionomie rustique, dans ses yeux brillants, il remarquera bien vite,
une force de caractère très vive, en même temps qu'une
affabilité, qui ont fait, des habitants de ce petit coin, des
travailleurs madrés et de très braves gens.

Ce nom de Rouillé avec cette orthographe ne date guère que de 200 ans. Le plus vieux titre que nous ayons trouvé est *Villa de Rolliaco*. Au moyen-âge, on écrivait indistinctement, Roilly, Roylec, Ruilly ; vers 1600, Roullié ; quelques registres de 1700 portent encore cette terminaison ; depuis 1750 on ne lit plus que Rouillé.

Placée à l'ouest du canton de Lusignan, dont elle fait partie, notre commune a la forme d'un quadrilatère[1] ; bornée, à l'est par Lusignan, au sud par Saint-Sauvant, à l'ouest par Pamproux, au nord par Saint-Germier, Sanxay et Jazeneuil. En superficie elle est la seconde du canton, immédiatement après Saint-Sauvant et contient 5. 205 hectares. Mais comme population elle est la première, en même temps que l'une des 11 localités de la Vienne qui ont plus de 2. 500 habitants. Au recensement de 1911, elle atteint 2. 559.

Sa lisière ouest sert de limite aux départements de la Vienne et des Deux-Sèvres, par une ligne purement conventionnelle, dont la borne authentique est placée sur la route de Saint-Maixent, entre les villages de Bois-grollier et de la Villedieu.

Il y a deux principales agglomérations, celle du bourg autour du clocher, 511 habitants, et celle du village du Grand-Breuil, 300 habitants environ. Le reste de la population, disséminée dans la campagne, habite soit des hameaux, soit des fermes isolées. Rouillé compte en effet 64 villages.

Voirie

Sillonnée par deux grandes routes nationales, qui la traversent de l'est à l'ouest presque parallèlement, et sur une longueur de près de 7 kilomètres, la première Lusignan-Rouillé-Saint-Maixent, *via* Poitiers-La Rochelle, la seconde Lusignan-Le Grand-Breuil, *via* Poitiers-Saintes, la commune est également pourvue de nombreux

1. Sa plus grande largeur du nord au midi est de 10 kilomètres, et la plus petite de l'est à l'ouest de 7 kilomètres.

chemins vicinaux ou de grande communication, qui facilitent toutes relations avec les localités voisines.

En outre, plusieurs chemins, qui l'hiver sont peu praticables, rendent pourtant de réels services à l'agriculture pour le travail des fermes, et pour communiquer entre villages. Ce sont les vieux chemins tracés par nos aïeux, dont nous parlerons plus loin, et qui, presque tous, sont en contre-bas des champs limitrophes, ayant été minés par l'eau et par les siècles [1].

Rouillé est également station du chemin de fer sur la ligne Poitiers-Niort-La Rochelle. Construite en 1855 par la compagnie d'Orléans, cette ligne fut rachetée en 1884 par l'Etat pour améliorer le service de son réseau.

Climat

Rouillé forme le haut d'un plateau, qui se prolonge sur Saint-Sauvant, et dont l'un des versants regarde à l'ouest Pamproux, et l'autre à l'est Lusignan et Jazeneuil. Il est la ligne de démarcation des eaux, qui, au couchant, se dirigent vers le Pamproux et la Sèvre, au levant vers la Vonne.

Par là-même, le terrain est absolument plat, sans côte sur les routes, et sans coteau dans la campagne. L'on ne remarque qu'un seul pli de terrain, qui part de Crieuil et passe par Brantelet.

En raison de cette situation, le climat de Rouillé est plus froid même que dans les localités voisines. Le voyageur en effet, en janvier, peut quitter Saint-Maixent par un temps froid mais sans neige, et après avoir franchi Pamproux, il apercevra sur nos champs un épais manteau blanc qui disparaîtra en arrivant à Lusignan. Le fait a été maintes fois constaté. Par une conséquence inévitable, les vents y règnent fréquents et parfois très violents. Ils soufflent le plus souvent de l'ouest, pluvieux, ou du nord-est, froids et desséchants. De même son altitude moyenne au-dessus du niveau de la mer de

---

1. — Quelques-uns de ces vieux chemins portent des noms gracieux donnés par la foi de nos ancêtres : le chemin du paradis, le chemin de la procession.

150 mètres, et qui atteint 185 mètres aux bois des Cartes, dépassant Lusignan, Saint-Sauvant, Jazeneuil, qui n'ont que 145 mètres, en fait, sous ce rapport, une petite Auvergne, comme on dit dans le pays.

Culture

Rouillé n'a aucune industrie, si ce n'est deux fours à chaux, à l'Epine et au Grand-Breuil; son unique richesse est l'Agriculture.

A ce point de vue, sa situation agricole ne correspond point aux limites de son territoire. Le terrain cultivé, en effet, se divise en deux zônes très distinctes, une principale, l'autre plus petite.

Celle-ci, à mon avis, serait à peu près le triangle compris entre la ligne ferrée allant de Rouillé à Pamproux, côté du midi, et la route de Saint-Sauvant, côté ouest. Elle est composée de terrains calcaires, à terre arable, ayant pour sous-sol une couche de calcaire blanc à chaux grasse ou maigre, qui lui donne une nature plus chaude. C'était jadis un pays vignoble renommé; aujourd'hui le trèfle et le sainfoin seuls y sont d'une qualité vraiment supérieure, tandis que les autres céréales, l'été manquant d'humidité, sont à faible rendement. Dans cette partie nous trouvons précisément les deux fours à chaux. En plusieurs endroits on extrait également de la pierre pour construction, principalement à l'Epine et au Petit Breuil. Cette pierre, calcaire blanc, employée aussitôt après son extraction, gèle facilement, mais une fois « essorée » elle fournit de très bons matériaux.

Dans la seconde zône, qui comprend le reste de la commune, on rencontre des terrains jurassiques, avec sous-sol rouge très profond (zône à chataigniers[1]) dans lequel se trouve certainement un peu de minerai de fer[2].

1. — La partie comprise entre Rouillé et Lusignan, est vraiment la terre à chataigners. Les Ponts et Chaussées en ont fait l'application en plantant des arbres de cette essence, en bordure de la route nationale.
2. — Geographie de Longuemar.

Cette terre rouge « betin » remplace le sable pour les constructions. Dans ce sous-sol, on extrait en abondance, comme d'ailleurs dans tous les terrains jurassiques, du silex par blocs plus ou moins gros. Cette pierre est employée à paver les routes, et forme dans le pays une véritable industrie pour l'exportation.

Ce fut également jadis le pays fertile en ajoncs, en brandes et en bois, et, de nos jours, les céréales y poussent merveilleusement. Celles que l'on cultive particulièrement sont : la luzerne, le trèfle, topinambours, betteraves, blé, avoine. C'est la partie riche et à fort rendement.

De par sa situation même, Rouillé possède très peu de prés naturels; les quelques hectares qu'on y trouve sont placés près des fontaines de Crieuil, Brantelet, Thou. C'est pourquoi les prairies artificielles ont dû être créées dans toutes les fermes, afin de suppléer au manque de fourrage. Ces prairies étaient à peu près inconnues avant 1800, comme l'indique le cahier de doléances des habitants de Rouillé de 1789. Aujourd'hui, elles sont l'une de nos richesses, autant pour le foin que pour les graines.[1]

Dans le pli de terrain, qui commence à Crieuil et passe par Brantelet, coulait jadis un ruisseau, qui allait jusqu'à la Vonne. A l'époque quaternaire, qui coïncide d'ailleurs avec l'arrivée des premiers habitants dans notre pays, les pluies étaient beaucoup plus abondantes que maintenant. Les moindres cours d'eau étaient de grandes rivières. Aussi ce ruisseau devait être assez fort, puisqu'il faisait tourner un moulin, comme l'indique le nom de la ferme du Moulin de Crieuil. Dans un acte de 1669, il est dit, que depuis longtemps déjà le moulin n'existait plus; mais encore à cette date le ruisseau allait se jeter dans la « Voune[2] ». Aujourd'hui les eaux de la fontaine, après avoir franchi la ferme du moulin, se perdent dans les terres avoisinantes.

1. — Voici les proportions en diverses cultures données pour Rouillé par M. de Longuemar : 16/20 céréales ; 1/20 jardins, chataigniers, vignes ; 1/30 prés ; 1/20 et demi bois et brandes.

2. — La Vonne.

Cette pénurie d'eau met notre commune dans une réelle infériorité. Il existe très peu de puits, en général trés profonds et peu abondants. Pour y suppléer, on est obligé de toutes parts d'avoir recours aux citernes, qui se remplissent des eaux des toitures. On ne rencontre aucun étang, mais seulement des mares près des fermes, où les bestiaux s'abreuvent.

Aussi l'été, aux périodes de grandes sécheresses, les citernes manquant d'eau, beaucoup de cultivateurs sont parfois forcés d'aller s'approvisionner aux différentes fontaines des environs. Durant l'été de 1908, on a compté dans une seule nuit, 80 charrettes venues à la Fontaine de Crieuil, chercher des tonnes d'eau.

Malgré cette difficulté, les fermes sont généralement très bien tenues. Et si les céréales qui en sortent sont très estimées, les animaux en sont également très recherchés. Pour les bœufs et les vaches, ce sont surtout les types de la race parthenaisienne qu'on y élève; on y voit pourtant aussi de la race salers rouge d'Auvergne et un peu de la race mancelle.

Quand aux chevaux, la race poitevine domine avec un peu de la race normande et percheronne. On y élève également des mules et des mulets, et les ânes sont beaucoup employés au service des fermes.

Les troupeaux de moutons sont relativement peu nombreux, et diminuent de plus en plus, tandis qu'au contraire on y rencontre beaucoup de chèvres et qu'on y nourrit beaucoup de cochons. De tout temps, Rouillé a été renommé pour ses bons fromages. C'est une branche très prospère de son commerce [1].

La basse-cour produit des volailles, poules, oies, canards, lapins, dont les meilleures races, et qui réussissent le mieux, sont celles du pays.

Sans être complètement abandonnée, la culture de la vigne, jadis très étendue, est devenue aujourd'hui d'une bien petite exploitation. Le plant qu'on y cultive est à

1. — Un acte de 1270 aux *Archives de Saint-Hilaire* fait mention des bons fromages de Rouillé. — La statistique agricole de Rouillé pour 1911 compte 1200 chèvres dans la commune.

peu près généralement celui d'autrefois, la folle blanche et rouge et quelques nouveaux plants greffés[1].

Les bois également diminuent sans cesse, grâce à cette manie dévastatrice de l'arrachage. Jadis notre petite patrie était très boisée, — avant 1789, presque 1/4 de sa superficie, — maintenant le continuel déboisement fera bientôt tout disparaître. A part la forêt des Cartes, il ne reste plus que quelques petits bois-taillis. Les essences qui y poussent le plus, sont ; le châtaignier, le chêne, le bouleau, le noisetier. Les haies, qui entourent chaque champ, se composent d'aubépines, ronces, prunelliers, églantiers avec quelques pieds de houx, chèvrefeuilles, saules, sureaux, troënes, ajoncs, genêts. Elles sont plantées d'arbres assez rapprochés, qui appartiennent aux espèces suivantes : chênes, frênes, cerisiers, peupliers, ormeaux.

On y rencontre aussi beaucoup de noyers. Les habitants font extraire de très bonne huile de noix aux deux huileries du bourg. Aux vergers croissent : le poirier, le prunier, le pommier, le pêcher et l'abricotier.

Commerce

Très peu de foires, deux seulement et peu importantes, le deuxième vendredi de Février et de Mars ; le marché se tient tous les vendredis sous les vieilles halles, et ordinairement est assez bien approvisionné. Mais le principal commerce, celui des grains et des bestiaux, se fait surtout aux foires de Sanxay, Lusignan, La Mothe et Couhé. Le chiffre d'affaires atteint par la gare en 1909 dépassait 100.000 fr. dont 80.000 pour les marchandises. Ajoutez à cela toutes les autres expéditions, qui ne passent point par la voie ferrée, et nul ne sera surpris, si de toutes les communes des environs Rouillé est la plus commerçante. Comme de toutes les stations placées entre Niort et Poitiers, elle n'est dépassée en recettes que par Saint-Maixent et La Crèche.

1. — Dans une visite du château de Venours de 1600, il est parlé du vin de folle qu'on y récoltait en abondance.

Administration

En raison même de sa population, Rouillé élit un conseil municipal de 21 membres, dont le maire et deux adjoints. Il possède également : notaire, médecin, percepteur, poste et télégraphe avec deux facteurs distributeurs. On y trouve tous les corps de métiers. Le garde champêtre et la brigade de gendarmerie de Lusignan assurent la police.

Le bourg possédait jusqu'en 1903 une école libre de garçons dirigée par quatre Frères de Saint-Gabriel, dont la Maison-Mère était à Saint-Laurent-sur-Sèvres (Vendée), puis une école libre de filles, dirigée par cinq religieuses, Filles de la Croix de la Puye (Vienne), qui en même temps tenaient un orphelinat où cinq petites filles pauvres trouvaient gratuitement l'entretien et l'instruction. Ces écoles furent toujours gratuites.

La maison des Frères fut fermée en 1903 par la loi néfaste des Associations de 1901, qui mit à la porte de chez eux ces vaillants instructeurs qu'étaient les Frères. Leur unique crime était d'enseigner l'amour de Dieu et de la France. Ils avaient élevé ici bien des générations d'hommes, qui en parlent encore avec respect.

Les classes des religieuses furent fermées en 1905, toujours pour le même crime : avoir appris à lire et à prier. Pourtant nos bonnes sœurs furent un peu plus favorisées ; ayant une double autorisation comme institutrices et comme hospitalières, elles purent, l'école étant fermée, rester dans leur maison avec leurs orphelines.

En 1905, au mois d'octobre, une école libre de filles, sous la direction d'Institutrices chrétiennes, fut installée dans l'ancien local des Frères, route de Lusignan.

Il y a également au bourg une école communale de garçons et une autre de filles. L'autorité académique a établi en outre une école de hameau pour garçons au Gros-Pair, et pour les filles au Grand-Breuil, plus deux écoles mixtes à la Chaurière et à Thou.

Rouillé ; l'église ; le presbytère ; les halles ; au fond le temple protestant.

Religions

Bien que nous devions dans la suite revenir maintes fois sur les religions à Rouillé, nous tenons à donner ici les chiffres actuels des catholiques et des protestants.

Rouillé possède une église catholique avec presbytère y attenant où réside M. le Curé. La population catholique arrive, au commencement de cette année 1911, à 1.200 environ.

La religion protestante est divisée ici en deux sectes très distinctes qui, bien qu'ayant des idées religieuses tout à fait différentes, se revendiquent toutes deux de Calvin. Les protestants libéraux, les plus nombreux ont un grand temple, situé près de la gare, et leur pasteur est M. Durand ; les prostestants orthodoxes évangélistes ont une petite chapelle, placée route de Saint-Maixent, leur pasteur est M. Martin.

Aujourd'hui et Autrefois

Rouillé a quitté sa figure de jadis, pour prendre une forme toute nouvelle. Des vieux châteaux il ne reste presque rien; les immenses bois ont été arrachés ; les mœurs ont changé, c'est un Rouillé complètement moderne que nous avons. Le bourg qui, il y a seulement 60 ans, était un ramassis de quelques vieilles maisons, et de terrains vagues, est devenu une gentille petite villette, bien percée de routes. Le temps, le progrès, le besoin du bien-être, de nouveaux propriétaires ont tout modifié.

Ce sont toutes ces vieilles choses aujourd'hui disparues que nous voulons faire revivre.

DEUXIÈME PARTIE

Histoire Générale des premiers siècles

CHAPITRE II

§ I

Les premiers habitants — L'époque quaternaire : l'âge de pierre, l'âge de bronze, l'âge de fer. — Peuplade celtique.

Les origines d'un peuple et d'un pays sont toujours entourées de mystères si profonds, que bien rarement l'histoire peut en fournir quelques détails précis.

Quels ont été les premiers habitants de cette terre que nous foulons ? Ils ne remontent certainement pas avant l'époque quaternaire. C'était une population nomade, vivant de chasse et de pêche, et dont les refuges étaient les cavernes des rochers et les abris sous roches. Là, l'homme trouvait un abri naturel contre les intempéries du temps, et pouvait plus facilement se défendre contre les animaux sauvages, qui alors peuplaient notre sol. Ses armes, ses outils, sont des silex taillés par éclats.

A la période suivante qu'on appelle néolithique ou de la pierre polie, nos pays commencent à se peupler. On a trouvé dans toute cette contrée de nombreux instruments de pierre, datant de cette époque. En particulier, deux habitants de Rouillé possèdent deux spécimens de haches de l'époque solutréenne.

Ce fut aussi l'âge des dolmens. Je n'en connais pas à Rouillé, mais ils sont nombreux dans tout le Poitou.

A l'époque de pierre, succéda l'âge de bronze (1200 ans avant Jésus-Christ) ; puis vers l'an 500 avant Jésus-

Christ, l'âge de fer. L'art de travailler le bronze et le fer fut apporté en Gaule par les étrangers, et de suite on en fabriqua des armes de combat et des instruments de culture.

C'est à cette époque que la vie commence à devenir plus stable. On y jette les premières bases de chaque contrée habitée ; on se réunit par agglomérations qui restent à demeure.

D'où venaient donc nos aïeux ? Les premiers habitants, que l'antiquité nous signale, sont les Ibères qui, venus d'Asie, 2.500 avant Jésus-Christ, occupent toutes cette côte ouest. Ils avaient la peau brune, les yeux noirs, la taille petite, disent les auteurs latins. (Ammien Marcellin, lib. xv, c. ix).

Mais une autre race, de grande taille, à la peau blanche et les yeux bleus, arrivait par le Nord, venant également de l'Orient. C'étaient les Gaulois ou Celtes. Quand ils eurent franchi le Rhin, ils refoulèrent devant eux les Ibères qui se refugièrent vers les Pyrénées (500 avant Jésus-Christ).

Les Gaulois s'établirent à leur place, s'assimilant les quelques tribus qui étaient restées. Les Ibères sont pour nous un de ces peuples mystérieux, dont l'antiquité ne nous a laissé presque que le nom. Chassés par ces nouveaux arrivés, ils se refugièrent en pays basque, où l'on retrouve quelques vieux débris de leur langue.

La grande race gauloise eut de tout autres destinées, et au temps des Romains elle occupait tout notre pays.

A quelle époque l'une de ces tribus s'installa-t-elle chez nous ? On ne peut répondre que par des calculs tout à fait hypothétiques, mais cependant, et nous pouvons l'affirmer d'une façon certaine, plusieurs siècles avant Jésus-Christ. En effet, plusieurs de nos villages portent des noms celtiques, Breuil, Crieuil, terminaison celtique qui veut dire hauteur, Thou (petit ruisseau d'une source qui se perd dans les terres), Martron (les martres, les fées). D'autres ont des noms romains et gallo-romains, le bois des Cartes (*carla*, mesure agraire romaine), Virlaine (villena, petite habitation.)

Nous pouvons ajouter également, que Rouillé devait posséder une population Gauloise assez importante, et que son sol a vu passer des caravanes nombreuses, qui se rendaient à Sanxay pour les grandes assemblées des Pictons. M. Berthelé, archiviste des Deux-Sèvres, dans dans son mémoire écrit sur les fouilles de Sanxay, déclare que «,là, se célébraient les grandes fêtes du culte national et qu'on y venait en pèlerinage de toute la tribu ». M. de la Marsonnière, dans son rapport aux Antiquaires de l'ouest (Novembre 1881), écrit également que le Père de la Croix, dans sa merveilleuse découverte, pense avoir mis la main sur le lieu d'assemblée de la tribu des Pictons, à l'époque gauloise et gallo-romaine ».

C'est donc là, que le druidisme gaulois y faisait ses solennelles cérémonies, et que le paganisme romain y dressait ses divinités et ses idoles.

Ces détails assez vagues sont les seuls que nous pouvons donner sur les siècles qui précédèrent la naissance de Jésus-Christ.

§ II

Les Poitevins. — Les Romains. — Les Gaulois

C'est dans le *de bello Gallico*, livre VIII, § 26 et 27, de Jules César, que nous trouvons pour la première fois le mot *Pictones*, poitevins, l'une des nombreuses peuplades fixées entre la Loire, la Garonne et l'Océan.

Après avoir soumis le pays par les armes, les Romains s'y installèrent en maîtres, tout en y apportant quelques principes de civilisation.

Il est assez curieux maintenant de rechercher, comment fut délimité et nommé ce territoire qui s'appelle Rouillé. Nous sommes guidé, dans ce travail, par un ouvrage profondément savant [1].

Lorsque les Gaulois eurent pris lieu et place des Ibères,

1. — *Recherches sur l'origine de la propriété foncière et de noms de lieux habités en France* (période celtique, période romaine) par d'Arbois de Juranville.

selon les lois des peuples conquérants, ils devinrent maîtres de cette terre. Et alors le sol occupé par chaque tribu, et chez nous par les Pictons, resta propriété collective de celle-ci. En effet, quand César les assujettit au joug des Romains, il trouva le sol affecté à la propriété collective de chaque peuple, sauf peut-être le sol des maisons de ville, des maisons des champs, et l'enclos attenant à chacune de ces propriétés bâties. Il n'y avait donc pas de propriété privée à proprement parler.

Mais lorsque l'empereur Auguste voulut établir son système d'impôt, il renversa cet état de choses, et substitua la propriété privée à la propriété collective ou publique de la terre. Il prescrivit, en effet, l'impôt du cens, qui frappait les personnes et les terres. C'est pour cela que l'an 27 avant notre ère, pour l'établir, il ordonna un recensement général. Toute la Gaule fut divisée en 60 circonscriptions, 64, disent d'autres documents, appelées *civitas*, *territorium*, *regio*. Le sol de la cité, de ce territoire, se divisait en *pagi*, et le *pagus* lui-même en *fundi*. Cette triple division servit à dresser le cadastre et l'impôt foncier romains. Afin de mieux comprendre ce système, on peut comparer la cité à notre département, le *pagus* à notre arrondissement et le *fundus* à notre commune. Dans ce *fundus*, il y avait des bâtiments pour l'exploitation, c'était la *villa*.

On doit donc reconnaître dans ce *fundus* romain, l'origine de nos communes rurales. Les plus anciennes de ces communes portant, en général, un nom formé avec un gentilice[1] romain et avec le suffixe *acus*, comme Julli-acus (Juilliac en Charente), remontent à un *fundus* qui date de l'empire romain, et dont les limites ont été primitivement fixées par les *arpenteurs " agrimensores "* employés à la confection du cens sous le règne d'Auguste. Le premier propriétaire est un grand seigneur gaulois qui, ordinairement, en devenant citoyen romain, avait pris le gentilice de son protecteur romain. De ce gentilice, vint le nom de son *fundus*. La *villa*, construite

---

1. — Gentilice veut dire nom d'un citoyen romain.

dans ce *fundus*, eut, avec lui, pour premiers habitants
ses *obœrati*, ses clients, qui jadis consacraient leur temps
au soin des troupeaux, à l'agriculture et aux armes. Sous
la domination romaine, cessant de combattre, ils ne
furent plus que laboureurs et pâtres. Leur ancien chef,
devenu leur propriétaire, leur partagea une partie de
son domaine, à charge de redevance ; et on appela *villa*
leurs habitations groupées autour de la sienne. Ce fut
l'organisation de la propriété.

Les Gaulois indépendants, avant d'être asservis par
les Romains, ne faisaient usage ni de prénom ni de
gentilice, en d'autres termes les noms de famille leur
étaient inconnus. Chacun avait un nom, auquel en cas
de besoin pour éviter la confusion, on joignait un surnom. Mais après la conquête, les chefs gaulois, l'aristo-
cratie gauloise, ne se contentèrent pas de revêtir la toge
romaine et de parler latin en abandonnant leur vieille
langue celtique, ils adoptèrent le système onosmati-
que de Rome, et prirent un prénom et un gentilice.
Comme procédé ordinaire, ils copièrent un nom romain.

Alors les chefs gaulois s'étant ainsi procuré des gen-
tilices, en tirèrent habituellement le nom de leurs *fundi*,
en ajoutant le suffixe gaulois *acus*.

C'est la coutume générale des Celtes soumis à Rome.
De sorte que la plupart du temps, le nom donné par le
Celte romanisé à la terre dont il est le propriétaire, est
un mot hybride composé de deux éléments, le premier
latin, le second celtique.

Aussi la nomenclature des noms de lieux de la Gaule,
qui se terminent en *acus* et *iacus*, est le reflet de la nomenclature des noms d'hommes usités en Gaule pendant
l'empire Romain.

Il en fut ainsi pour notre petit pays. Les vieux manuscrits du Moyen-âge l'appellent précisément *villa de
Rolliaco. Rolliacus* est une variante de *Rulliacus* mentionnée deux fois dans la vie de Charlemagne, par le
moine d'Angoulême, qui appartenait à l'abbaye de Saint-
Cybard-les-Angoulême ; elle reparaît dans un diplôme

de Charles-le-Chauve de 852 [1]. Pour Rouillé, la date la plus reculée (886), est dans un acte de donation de la terre de Rouillé aux moines de Saint-Hilaire, nous y lisons en effet « villa de Rolliaco [2] ».

On trouve ce mot *Rullius*, écrit tantôt avec double l, tantôt avec l simple. L'orthographe étymologique est avec double l ; le gentilice Rullius, d'où le nom de lieu dérive, est lui-même un dérivé de l'adjectif *rullus*, rural, rustique, employé quelquefois comme surnom.

Le nom de Rullius est souvent employé dans l'histoire romaine. Rullius Communis à Capoue, Rullius Faustus en Afrique.

Rullius avec double l a donné le dérivé Rulliacus et sa variante Rolliacus. En France, il y a treize communes qui doivent leur origine au gentilice Rullius et Rulius, Roilly [3] (Côtes-d'Or), Rouillac (Charente), deux Rouilly (Aube), un troisième (Seine-et-Marne), deux Ruillié dans la Sarthe, deux dans la Mayenne, Rully (Calvados, Oise, Saône-et-Loire), Rouillé (Vienne).

Rouillé, *Rolliacus*, fut donc la propriété d'un chef gaulois ayant pris le nom de *Rullius*, et en ajoutant le suffixe *acus*, il en forma précisément le nom, *Rolli-acus*. Cette propriété devait avoir en superficie à peu près l'étendue de notre commune actuelle.

Le fisc romain chargé de recueillir les impôts, devint bientôt très puissant, et possesseur de beaucoup de biens ; l'histoire de la législation romaine sur ce point est très précise. [4]

Nous avons, de ce temps-là, un souvenir très remarquable ; c'est un vieux camp romain dont on aperçoit encore très bien les dimensions et la forme, au milieu de la forêt des Cartes. Cette enceinte fortifiée, dont un rapport est enregistré aux « Mémoires des antiquaires

1. — D'Arbois de Juranville, p. 308.
2. — *Archives de la Vienne*, G. 953.
3. — Au moyen-âge j'ai souvent rencontré Roilly et Roylec pour Rouillé.
4. — Note de M. Alf. Richard, archiviste.

de l'ouest, année 1889 », a une forme quadrangulaire de 125 mètres de long sur 100 mètres de large environ. Les fossés encore bien conservés ont une largeur moyenne de 6 mètres et une profondeur de 1 mètre. Le remparta, en terre, à peu près la même mesure. Une porte paraît avoir existé du côté sud-ouest. Comme il serait à désirer que l'on fit des fouilles à cet endroit, on y découvrirait certainement de précieux témoignagnes de cette époque.

Après la défaite de Vercingétorix, les Romains, pour mieux surveiller les Gaulois, construisirent un grand nombre de chemins. Ce sont les voies romaines. Elles étaient pavées, et leur solidité a défié les siècles. L'une des plus belles est certainement celle qui allait de Poitiers à Saintes par Rom-Brioux. Une autre moins importante devait passer par le milieu du bourg de Rouillé, c'est l'avis de Thibaudeau dans son *Histoire du Poitou* dont la connaissance en cette matière n'est pourtant pas absolument certaine.

De fait on aperçoit encore sur l'accotement, surtout entre Rouillé et Soudan, quelques pavés qui ressortent, et j'ai constaté moi-même qu'au milieu ils ne sont recouverts que d'une dizaine de centimètres de silex cassé.

La route qui passe à Lusignan, le Grand-Breuil, Chenay, était connue au moyen-âge sous le nom de chemin de Saint-Jacques [1]. Si elle n'est point une voie romaine, elle a pourtant une origine très ancienne.

Mais vers 406, les Wisigoths venus également du nord envahirent la Gaule et s'installèrent au sud de la Loire, c'est-à-dire chez nous. Vers 420, les Francs passèrent à leur tour le Rhin, et après la bataille de Vouillé en 507 où les Wisigoths furent taillés en pièce par Clovis, nous étions devenus Francs.

A ce moment-là beaucoup de biens étaient tombés en deshérence et devinrent propriété des chefs Francs. Clovis, pour remercier Dieu de son triomphe, fit abandon d'une partie de son fisc royal aux établissements

---

1. — *Notes sur Couhé* par Lièvre.

ecclésiastiques alors existant. Il en fut ainsi pour Rouillé.
Il y a dans les chartes du chapitre de Saint-Hilaire, un
acte de donation de Clovis à cette abbaye. Mais cette
charte, de l'avis de tous les auteurs, est fausse[1], quand
à son texte.

§ III

**Les premiers chrétiens. — Donation de Clo-
taire et autres rois de la terre de Rouillé à l'abbaye de Saint-Hilaire de Poitiers. — Pillage des
Barbares.**

Jésus-Christ venait d'apparaître; Lui mort, ses apôtres continuèrent sa mission, et tandis que le christianisme, au milieu de toutes sortes de persécutions, commençait à pénétrer de toutes parts, nos aïeux ici cour-
baient les genoux devant les faux dieux du paganisme
romain.

A quelle époque la religion de Jésus-Christ pénétrat-
t-elle parmi nous? Nous n'avons que des conjectures
sur ce point. Pourtant il est très probable que notre paroisse qui, de très haute antiquité, est sous le vocable
de Saint-Hilaire, et dont les moines de l'abbaye de Saint-
Hilaire ont toujours été les propriétaires, eut l'insigne
honneur de voir le grand évêque de Poitiers, au ive siècle, y prêcher l'évangile.

Sa proximité de Poitiers, sa facilité de communication par la voie romaine, tout semble l'indiquer. Donc,
les premiers catholiques de Rouillé seraient vers l'an
352. Aussi ce n'est point pure imagination de supposer
que ce célèbre thaumaturge, après y avoir annoncé la
bonne nouvelle et converti quelques païens, y ait installé une petite chrétienté. En voici la raison historique,
à mon avis, très fondée.

Lorsque, pour aggrandir la place, on enleva la terre
du cimetière, qui touchait l'église, le long de la route, on

1. — *Archives de la Vienne*, G. 483.

y découvrit des cercueils en pierre d'un seul bloc ; or cette habitude d'enterrer les morts dans ces cercueils d'une seule pierre a commencé dès le ve siècle.

Donc, dès ce moment-là il pouvait y avoir une agglomération de chrétiens enterrant leurs morts autour de leur église, ce qui est du plus ancien usage[1]. Cette assertion est confirmée par les différents actes de donation. Nous ignorons la date de la première donation, celle attribuée à Clovis, bien qu'elle soit inexacte, remonte cependant au vie siècle.

En effet, Clotaire Ier, fils de Clovis, confirme, en 560, cette donation aux moines de Saint-Hilaire, et là, pour la première fois nous lisons le nom de Rouillé, *villa de Rolliaco.*

Cette fondation s'explique d'ailleurs d'une façon très rationnelle. Ce roi, en effet, était l'époux de sainte Radegonde, or, rien d'étonnant qu'il transmit ainsi ces propriétés, sachant que son épouse avait une grande dévotion envers saint Hilaire. Puis, il avait comme leude fidèle, Austrapius, gouverneur du Poitou, et, par son entremise, il installa et dota les couvents de Saint Hilaire et de Sainte Radegonde.

En 678 d'ailleurs, il y avait déjà beaucoup de chrétiens, dans le pays, car dans le récit de la translation du corps de saint Léger, évêque d'Autun, à Saint-Maixent, il est dit, que lorsque le cortège partit de Jazeneuil vers St-Maixent, la foule des chrétiens s'y portait, et beaucoup de miracles étaient opérés au contact du corps du martyr d'Ebroïn[2]. Mais cette première chrétienté eut beaucoup à souffrir sous le flot dévastateur des Sarrazins qui, avant d'être battus à Poitiers (752) par Charles Martel, avaient ruiné toute la contrée et dispersé ses habitants. De toutes ces invasions il est demeuré un souvenir : c'est une plaine placée entre Rouillé et Lusignan, appelée plaine des Scythes.

---

1. — Un de ces cercueils est à la cure. — On découvrit également plusieurs poteries de cette époque.

2. — *Vie de Saint Léger* par Dom Pitra — Jazeneuil est limitrophe de Rouillé.

Les différents rois qui se succédèrent confirmèrent tous la donation de Rouillé à Saint Hilaire.En 752, c'est Pépin le Bref, puis, en 814, Louis le Débonnaire. En 887, Eudes concède à Ebles, abbé du chapitre Saint-Hilaire, les fruits et revenus de *Villa de Rolliaco*. Pour le bois des Cartes, la date précise est du 4 novembre 838. Enfin, dans un procès de 1668, il est fait mention que le chapitre de Saint-Hilaire détenait Rouillé depuis plus de 1.000 ans.[1]

Toutes ces dates si précieuses, je les ai transcrites dans les Archives de la Vienne.Malheureusement, je n'en ai trouvé que la récapitulation, avec cette unique mention *titre de garde-gardienne*, c'est-à-dire de sauvegarde, l'original était perdu.

Il faut conclure de tout cela que la paroisse de Rouillé comme paroisse, est d'une origine très ancienne et certainement antérieure à la donation de Clotaire ; approximativement, elle était comme territoire ce qu'elle est maintenant. En effet, dans cette formation de communautés, l'histoire a précédé la géographie. Voici les documents qu'apporte M. Jean Chevalier dans ses études sur les anciennes paroisse :

« Les religieux, maîtres des terres, y envoyèrent des fermiers, des ouvriers, afin de les cultiver ; mais ils n'oublièrent point d'y construire une église, si petite fut-elle, et d'y mettre un prêtre, afin de procurer son ministère à tous ces chrétiens. » Tous ces habitants donc, qui au spirituel dépendaient du curé de Rouillé, composèrent ainsi une assemblée, et par l'union des mêmes intérêts matériels concoururent à former une seule et même paroisse [2]. Et ici, comment ne pas saluer avec reconnaissance, tous ces vaillants religieux, qui furent chez nous les pionniers de la civilisation et de l'agriculture,et les premiers cultivateurs qui, après avoir

1. — *Archives de la Vienne*, G. 953.
2. — Ce nom de paroisse lui resta jusqu'à la Révolution qui, elle, ne voulant rien laisser au passé, l'appela commune.

défriché tout ce territoire,couvert d'ajoncs et de bruyères, le transformèrent en champs fertiles.

L'époque où cette culture eut tout son essor fut certainement vers 813. Alors les Francs, désormais complètement maîtres de l'Aquitaine et du Poitou, ayant refoulé les Normands s'occupèrent à relever les monastères, et à réparer les ruines amoncelées par toutes ces invasions.

Lorsque la vie commençait à renaître de tous côtés, voici que de nouveaux barbares fondent sur ce pays. Ce sont les Normands, qui, en 877, pillent tout, chassent les moines de l'abbaye de Saint-Hilaire et brûlent leurs églises. Les religieux, traqués sur tous les points,durent tout abandonner. Aussi après la mort d'Elbes, duc d'Aquitaine, Eudes, roi des Francs, conféra l'abbaye de de Saint-Hilaire à Ecfride, évêque de Poitiers, le 30 novembre 889, suivant deux chartes rapportées par Besly de l'année 894[1]. Et dans l'énumération des propriétés dépendant de cette abbaye, est indiquée *villa de Rolliaco*[2], le bourg de Rouillé.

Mais les Normands continuant leurs ravages, tout service religieux fut arrêté pendant plus de 40 ans. Ce n'est qu'en 942, qu'Ebles, évêque de Limoges, fils puiné d'Ebles dit Manzer, ayant été pourvu par Guillaume III, dit Tête d'étoupe, comte de Poitiers, son frère, de l'abbaye de Saint-Hilaire, y plaça des chanoines séculiers qui désormais enverront des prêtres dans leurs paroisses, au lieu de moines.

Le 5 janvier de cette même année, Louis IV d'Outre-Mer, alors à Poitiers, leur confirme tous les privilèges, et reconnaît officiellement dans sa charte, que la terre de Rouillé appartient bien au chapître de Saint-Hilaire.

Plus tard en 1521, François Ier renouvellera cette donation[2].

---

1. — *Archives de la Vienne*. G. 949.
2. — *Archives de la Vienne*, G. 954. — Thibaudeau, *Histoire du Poitou*, p. 92.

CHAPITRE III

Abbaye de Saint-Hilaire

Déjà nous avons parlé à plusieurs reprises de cette abbaye, dont les religieux furent les premiers ouvriers de notre terre. Comme son nom reviendra souvent dans la suite, il nous a paru utile de fournir quelques explications, relatives à l'intelligence de l'histoire de Rouillé.

L'abbaye de Saint Hilaire occupait à Poitiers l'emplacement de l'Eglise qui porte le même nom, ainsi que les terrains environnants. En souvenir du grand Évêque du Poitou, saint Hilaire, les rois de France et les comtes du Poitou l'avaient magnifiquement dotée de nombreuses terres. Elle existait certainement au temps de Clovis et était habitée par des moines. Au xe siècle, les chanoines séculiers les remplacèrent, et en firent l'une des abbayes les plus célèbres de France.

Dans toutes les paroisses où ils jouissaient de revenus, ceux-ci envoyaient un prêtre pour célébrer le culte. Celui-ci recevait la juridiction de l'Évêque. C'était le cas pour Rouillé. Ce prêtre avait fait ses études dans un de leurs collèges, car il n'y avait pas encore de séminaire ; là, il avait appris les sciences de cette époque.

En raison de cette nomination, ces chanoines étaient appelés curés-primitifs, curés-fondateurs, et ils devaient pourvoir au traitement de leurs curés de paroisse. Ils avaient également le droit de percevoir certaines redevances ; ils étaient les décimateurs généraux de Rouillé, ils avaient en outre le pouvoir de haute justice.

Ils devaient tenir une école, car en 780, Charlemagne ordonne qu'à toute cure soit attenante une école gratuite pour les pauvres. Ces Messieurs de Saint Hilaire[1] étaient obligés, de par leur règle elle-même, de procurer l'instruction dans toutes leurs paroisses.

Ils étaient encore chargés du service de la voirie, des

1. -- On les appelait ainsi jusqu'à la Révolution.

chemins, de pourvoir au soin des malades. Ils entretenaient à Poitiers,à leurs frais,un hôpital de 90 pauvres,et
une charte de 1353[1] atteste qu'une grande partie des
revenus de Rouillé étaient employés à cette œuvre. Tous
les malades et infirmes de notre paroisse étaient secourus par eux[2].

Pendant les guerres, ils contribuaient pour beaucoup
dans les frais occasionnés par les révoltes nombreuses
du Moyen-âge.

Dans ces siècles barbares, ils furent donc les défenseurs et le soutien des petits, en même temps que les
propagateurs de la religion civilisatrice. D'un mot, ils
furent pour notre pays, les premiers bienfaiteurs.
Devant ces faits croulent les sottes et haineuses affirmations de ceux qui les attaquent sans avoir étudié leur histoire. Lorsque je feuilletais toutes les chartes de cette
époque mérovingienne et carlovingienne, puis tous ces
manuscrits du Moyen-âge, j'étais frappé de tant d'efforts
intellellectuels du clergé, pour former ce peuple qui
sortait de la barbarie.

Lorsque les chanoines visitaient leurs paroisses, et ils
le faisaient fréquemment, ils avaient droit chez le curé
à l'hébergement ; ce qui s'explique alors par l'absence
d'hôtellerie, et, à l'église, certains honneurs leur étaient
rendus. C'est ainsi qu'en 1479, le curé de Rouillé, Julien
Autier, fut cité devant le Chapître de Saint-Hilaire, pour
n'avoir point fourni « deux chandelles de cire et de l'eau
bénite » aux chanoines qui s'étaient présentés en ces
lieux pour affaires. De même en 1769, le curé Joseph
Valentin n'avait point offert lui-même l'encens au délégué
du chapître, mais en avait chargé son sacristain, pendant
qu'il était occupé à causer avec des fermiers. Le lendemain deux chanoines étaient au chœur |de l'Eglise pour
recevoir l'encens et le goupillon, et s'il ne le faisait pas
il devait s'entendre condamner[3].

1. — *Mémoire des antiquaires de l'ouest* t. 24, p.123.
2. — *Manuscrit du Grand Gaulhier. — Essai sur la collégiale de Saint Hilaire*, par Redet.
3. — *Archives de la Vienne*, G. 953.

CHAPITRE IV

§ V

Origine et construction de l'Eglise

Après avoir quitté ces 10 premiers siècles, où malgré des obscurités inévitables dues à son éloignement historique, nous avons pu jeter quelque lumière, nous arrivons à cette époque de la féodalité où les documents précis sont plus nombreux. C'est le temps de l'expansion religieuse, c'est le temps des châteaux-forts, c'est ce Moyen-âge dont la vitalité étonne tout historien, qui l'étudie de près, et où le génie français a produit une merveilleuse éclosion des arts.

A l'époque mérovingienne ou carlovingienne, Rouillé possédait une église où les moines de Saint-Hilaire venaient accomplir les fonctions du culte. Elle devait être construite au même endroit que l'église actuelle, comme l'indiquent les cercueils de pierre, mis à jour lors de la suppression du vieux cimetière. Nul doute que ces religieux en eussent fait un édifice très convenable. Détruite lors de l'invasion des Normands, il n'en reste aucune pierre qui rappelle cette époque d'une manière certaine.

Elle fut complètement reconstruite vers le IXe siècle. Plusieurs fois remaniée depuis lors, pillée aux guerres de religion, elle a conservé malgré tout, dans le chœur et le transept, quelque chose de sa primitive architecture. Ses murs sont en moyen appareil. La torsade placée au-dessus de la porte dite de Saint Hilaire, et que, dans différentes réparations ultérieures, on a eu l'intelligence de conserver, les modillons qui entourent le chœur extérieur, tout indique le XIe siècle. Ces modillons représentent, par leurs têtes grimaçantes, les vices et les vertus. Le vieux cadran solaire, gravé sur une grosse pierre, prise dans le chevet de l'église, est également du XIe siècle.

Toute cette construction est du pur roman, les voûtes refaites au XIXᵉ siècle sont du gothique. Seule la nef reconstruite au XVIIIᵉ, à la suite de la révocation de l'édit de Nantes, sans aucun style, s'harmonise très mal avec les autres parties. Remaniée en 1856 par M. l'abbé Lepetit, elle n'a aucun cachet artistique, pourtant un chapiteau à larges feuilles de lierre est remarquable ; ce doit être une pierre d'une origine très ancienne, peut-être même un vestige de l'époque carlovingienne.

A l'intérieur, deux colonnades, aux deux coins du chevet, deux modillons à la chapelle de la Sainte Vierge sont encore du bien beau roman.

Pourtant la forme primitive n'était point celle qu'elle a aujourd'hui ; ceci pour deux raisons. On aperçoit dans le mur, au-dessus de la toiture de la nef, des pierres parfaitement taillées qui font saillie ; ce sont les traces de cette ancienne partie de l'église. A l'intérieur, du même côté, à l'entrée du transept, on remarque un cintre brisé.

Secondement, telle qu'elle est aujourd'hui, elle n'est pas orientée, elle est dirigée du sud au nord[1]. Or, les religieux étaient trop observateurs de ces règles liturgiques pour y avoir manqué. Donc à notre avis, la porte principale était la porte Saint-Hilaire, comme l'indique la torsade dont nous avons déjà parlé, et le chœur était placé vers l'autel de la Sainte Vierge. En 1680, meurt M. l'abbé Thomas, et son acte de décès porte qu'il a été enterré au pied du grand autel[2], or, sa pierre tombale se trouve précisément à cet endroit, elle n'a point dû être changée comme le prouve le mauvais pavage de ce bras de croix.

De la sorte, l'église était orientée de l'est à l'ouest. Elle avait ainsi la forme d'une croix de Jérusalem. Plus tard, lorsqu'il fallut l'agrandir, on ne put la prolonger dans ce sens en raison du chemin de Saint-Sauvant, et on bâtit sur le côté nord.

Une question intéressante est de savoir qui l'a cons-

1. — Toute église doit être construite de l'est à l'ouest.
2. — *Registres paroissiaux de 1680.*

3

truite. Evidemment les chanoines de Saint Hilaire en furent les architectes, et se firent aider par les ouvriers du pays. A cette époque, en raison des difficultés de transport, on prenait, autant que possible, les matériaux sur place. C'est ainsi que la pierre est identique à celle que l'on extrait des carrières du Petit-Breuil, le mortier est un composé de chaux et de sable de carrière. *Le Bulletin des Antiquaires de l'Ouest*, année 1859, p. 233 et année 1875, p. 3, confirme les notes que nous donnons sur notre chère église, et lui assigne cette même date.

Au-dessus du transept, il y avait un petit clocher carré, couvert d'ardoises. Il fut démoli en 1875, et on découvrit, dans les décombres, des pierres calcinées par le feu, tristes souvenirs des luttes religieuses et de l'incendie de 1775, dont il sera question plus tard.

§ II
Les différentes chapelles à l'église et au cimetière.

Il existait également plusieurs chapellenies avec droit de patronage [1]. Nous ne parlerons pas des chapelles de châteaux qui seront traitées ultérieurement. A l'église, il y avait :

La chapellenie Saint Blaise, dotée de 3 prévendiers de froment, la capitalisation de ses revenus, en 1790, était estimée 2806 livres [2] ;

La chapellenie des Chicard, établie par Pierre Chicard, sous ce vocable « chapelle des *cinq playes*, » le présentateur en 1782 était la famille des Piot, le titulaire en 1790 était M. Joyeux, curé de Lusignan, elle valait en capital 3054 livres ;

La chapellenie Sainte Catherine des Nivard, fondée en 1697, d'une messe par semaine, et vaut 60 livres. (Visite de 1769) ;

---

1. — Le droit de patronage, donnait à celui qui avait fondé une église une chapelle, le droit d'y nommer le titulaire qui en touchait les revenus.

2. — *Registre du district de Lusignan* de 1790.

La chapellenie de Notre-Dame, fondée par les Seigneurs de L'Augerie et qui vaut 80 livres.

Dans le cimetière touchant l'église, la chapelle *du chêne* transférée à l'église le 3 Mars 1626 ; la chapelle de Jouslain, dédiée à Saint Luc, dotée de 60 livres, on y faisait les cérémonies religieuses ; la chapelle Saint-Martin qui, comme revenus, avait des terres, le bois des Chapelains près le bois des Cartes.

Toutes ces chapelles, à l'église, disparurent avec leurs revenus, à la Révolution ; celles du cimetière furent démolies, lors du transfert des tombes et des ossements au nouveau cimetière.

§ III

Le Presbytère

De tout temps il y eut, près des églises, une maison destinée à abriter le curé de la paroisse. A Rouillé, le presbytère était adossé à la grange dixmière, aujourd'hui maison de M. Branger, charron. Il avait dû être construit presqu'en même temps que l'Eglise, car ce qui nous reste de la grange dixmière, les murs de clôture du jardin de M. Branger, sont en moyen appareil semblable à l'Eglise.

En 1479, M. Autier, alors curé, demande au chapitre de St-Hilaire d'ouvrir une porte qui fasse communiquer sa maison avec la grange [1]. Ce logement devait être peu confortable. En effet, dans une visite du 30 juin 1625, le Chapitre, constatant qu'il n'a pas une demeure convenable, demande à ce que le patron « de la présente chapelle des Jousselains » soit prévenu, qu'on sollicite de sa part l'abandon de tous ses droits, et que « la dite chapelle et ses dépendances soient remises au curé pour qu'il y soit commodément logé. » L'acte de vente est daté du 20 Décembre 1625, et signé Trignault, Jean Cholet notaire.

1. — *Archives de la Vienne*, G. 954.

Telle est donc l'origine du presbytère catholique, et, dans l'un des placards du salon, on peut voir encore une colonnade parfaitemment conservée.

En 1728, dans le relevé des revenus de Rouillé, nous lisons les détails complets de notre habitation : « Une maison touchant l'église, le presbytère, avec une cour dehors et une dedans, et un jardin environné de murs, proche de l'église et du cimetière ; réparations à faire au logis qui est en cailloux et non en pierre et en ardoise. »

Le cimetière, en effet, entourait l'église, et occupait la place publique actuelle.

Dans la suite des âges, quelques réparations plus ou moins importantes furent faites au presbytère, mais, dans les parties essentielles, il est toujours resté, ce qu'était la chapelle des Jousselains de 1625. Ainsi il se compose de deux parties de maison très distinctes, séparées par un mur de 1 mètre d'épaisseur. La tour avec ses meurtrières, où est placé l'escalier en pierre qui conduit au premier étage, est encore une preuve de son antiquité. Il est donc avec l'église l'un des plus vieux monuments de Rouillé. De 1800 jusqu'à nos jours, il n'a subi aucun changement notable. Très souvent la commune et la Fabrique employèrent des sommes parfois élevées en restauration, son origine et son état de vétusté l'expliquaient assez. En 1860, il était en si mauvais état que M. le curé habitait chez les bons Frères. On y fit alors pour 1200 fr. de réparations et M. le curé revint l'occuper.

CHAPITRE V

Cultes qui ont été pratiqués à Rouillé

Nous arrivons à cette époque malheureuse, où une nouvelle religion apportée par Calvin va semer la discorde dans notre pays, et y verser le sang. Auparavant il est intéressant, il me semble, de jeter un coup d'œil sur l'histoire des Religions à Rouillé.

Les premières tribus nomades qui dans les temps préhistoriques s'arrêtèrent sur notre territoire, offraient leurs adorations à quelques divinités plus ou moins rustiques,

Lorsque les Gaulois s'y installèrent, ils avaient amené avec eux leurs grands prêtres, les druides, qui de leurs faucilles d'or coupaient le gui des chênes pour leurs solennités. Ils croyaient à l'existence d'un Dieu, à l'immortalité de l'âme. Ils offraient des présents aux arbres et aux fontaines. Ils acceptaient quelques dogmes purement naturels, mais rendaient aux divinités un culte cruel et entouré de superstitions. Parfois ils se rendaient près des dolmens, tel celui signalé entre Avon et le Grand-Breuil, par M. Arnaud, et, sur cette longue pierre un peu inclinée, ils étendaient une victime humaine, ordinairement un prisonnier de guerre. Puis le druide, armé d'un couteau de silex, l'égorgeait, et dans une coupe en recueillait le sang ; il y portait les lèvres, et l'élevait au-dessus de la tête, pour apaiser le courroux du ciel. Cette coutume barbare n'était point fréquente. C'était l'époque du druidisme jusqu'à 50 ans avant Jésus-Christ. Et tous les ans, nos aïeux guidés par leurs druides se rendaient à Sanxay pour y tenir leurs grandes assises, au milieu de toutes les tribus des Pictons. Le Père de La Croix en raconte tous les détails dans son rapport sur les ruines de Sanxay.[1]

1. — *Bibliothèque des Antiquaires de l'ouest.*

Lorsque les Romains eurent envahi notre territoire, quelques années avant Jésus-Christ, ils y apportèrent le paganisme avec ses fausses divinités. Le fameux temple de Sanxay en est un vestige mémorable, il était consacré au culte d'Apollon.

Mais voici que Jésus est apparu sur la terre, ses apôtres ont commencé à annoncer la bonne nouvelle. A quelle date fixer l'apparition du christianisme chez nous ? Il est assez difficile de le préciser.

Sans doute vers l'an 250, Saint Martial vint à Poitiers annoncer le premier l'évangile, mais nous n'avons aucune raison de croire qu'il passa ici. Ce n'est que vers 360, qu'eurent lieu probablement les premières conversions à la religion de Jésus-Christ. Saint Hilaire, alors évêque de Poitiers, soit par lui-même, soit par ses clercs, évangélisa notre pays. Son titre si ancien de Saint Hilaire de Rouillé *(Sancti Hilarii de Rolliaco)* semble bien l'indiquer. Cette doctrine ainsi annoncée par ce grand docteur a été transmise d'âge en âge à travers toutes les générations, intacte, toujours la même, c'est la nôtre.

Nos aïeux venaient l'écouter dans la misérable cabane, qui primitivement leur servait de lieu de réunion. Puis, à l'époque carlovingienne, une église est construite, elle est incendiée par les barbares, et tous les fidèles dispersés. Enfin, vers le xₑ siècle, lorsque le calme renaît, une nouvelle église, celle que nous possédons maintenant, s'élève, et les prêtres y prêchent la même doctrine, sans y avoir apporté aucune modification.

Mais vers 1534, un hérésiarque, Calvin, de Noyon, se croyant la mission de corriger ce qu'avaient enseigné les apôtres, saint Hilaire et toute l'église primitive, passa chez nous venant de Poitiers et se rendant à Vançais. Il supprimait les sacrements institués par Jésus-Christ, niait la présence réelle au Saint-Sacrement. Il forma quelques adeptes à cette nouvelle doctrine, et créa ici le premier centre du protestantisme.

Depuis lors, cette nouvelle religion a toujours vécu,

ayant subi bien des divisions et bien des transforma-
tions. Le pasteur Lièvre, dans son *Histoire du Protestantisme du Poitou*, en fait l'aveu en parlant de la Dogmatique de Calvin.

A Rouillé, le protestantisme est partagé en deux sectes
ainsi classifiées, les libéraux et les orthodoxes. Bien
qu'ayant certains points de divergence absolue, toutes
deux partent du libre examen, tant au point de vue de
la foi que des pratiques religieuses. Les uns et les
autres ont à peu près supprimé tous les sacrements. Si
on baptise encore les enfants, on ne regarde plus le
baptême comme absolument nécessaire.

La Cène est presque complètement abandonnée.

Tous les dimanches à 11 h. 1/2 a lieu le prêche et la
prière dans les deux temples. Toutes les fêtes qui tom-
bent sur semaine ont été supprimées, hormis Noël.

Nous ne donnons ici que ces quelques notes, les différentes phases du protestantisme à Rouillé seront
étudiées plus tard.

CHAPITRE VI

§ I.

L'an mille. — Les premiers curés de Rouillé

A la fin du xe siècle, lorque les rois de France eurent refoulé les Normands dans leurs régions du nord et signé un traité avec eux, un air de prospérité se répandit sur toute cette partie ouest de la France. Ainsi libérée de tous ces sujets de trouble, la religion va s'épanouir, merveilleuse, féconde.

Les évêques de la contrée se sont réunis à Poitiers en 1021, et vont réorganiser la discipline ecclésiastique. Ils décrètent qu'à l'avenir les prêtres n'exigeront rien pour leur ministère, ils se contenteront des oblations volontaires, et ceux qui se conduiront mal seront privés de leur dignité[1]. Les revenus de chaque cure suffisaient à l'entretien du prêtre.

A cette époque, les moines de Saint-Hilaire, chassés par les Normands, ont été remplacés, à l'abbaye de Poitiers, par les chanoines séculiers, qui vont administrer leurs immenses propriétés, et y établir le culte, d'une façon plus stable. Ils envoyèrent donc à demeure un curé à Rouillé, où ils avaient d'importants revenus.

Le premier dont nous ayons trouvé la trace, est *Ugo Baldinus*. Il est indiqué dans une copie de redevances de Rouillé au chapitre de 1080[2]. Voici les autres noms de curés, que nous avons pu également recueillir dans Dom Fonteneau :

Rodulfus en 1103.
Guillaume Bes (1250).
Guillaume Thomas (1310).
Avant 1320, *Jean Bourretelli* .

1. — *Histoire du Poitou*, de Joseph Guérinière, p. 303. t. I.
2. — Dom Fonteneau.

En 1320, *Nicolas Clément*.

Sur ces deux curés nous avons une note curieuse fournie par le P. de Monsabert et qu'il a copiée aux archives du Vatican.

Le 26 novembre 1320, le pape Jean XXII notifie à Jean Bourretelli, curé de Rouillé, d'entrer en possession de l'archiprêtré d'Ardin (canton de Coulonges) dont a été privé Réginald Carocii de Fuderto, chapelain du Saint-Siège, non résidant depuis dix ans. Le pape approuve en même temps l'échange par lequel Nicolas Clément cède à Jean Bourretelli l'archiprêtré d'Ardin, dont lui-même avait été pourvu, contre la cure de Rouillé qu'il préfère occuper. MOLLAT, *Lettres communes de Jean XXII*, N° 12.660.

Guillaume de Vergnec et *Gérald de Darryna* en discussion en 1340.

En 1448, *Etienne Benes*, mort en 1461. Dans son testament il recommande son âme à « Monsieur saint Hilaire » et à « Monsieur saint Etienne » le premier, patron de sa paroisse, le second son saint patron. Ce testament est un magnifique monument de la foi naïve mais convaincue de ce Moyen-âge.

En 1478, *Julien Autier* [1].

5 décembre 1506, *François Guillemant*.

9 août 1507, *Jacques Paleu*.

Avant 1516, *Georges Bureau*.

15 avril 1516, *Mars Maréchal*.

31 octobre 1516, *André Bureau*.

En 1519, François Guillemant est de nouveau curé de Rouillé.

Avec le xiie siècle, les besoins religieux croissant de plus en plus, on s'occupe de diviser le diocèse en archiprêtrés. En 1180, Jean aux Belles-Mains, évêque de Poitiers, rattache Rouillé à l'archiprêtré d'Exoudun (Deux-Sèvres), dont il dépendra désormais jusqu'à la Révolution. Cette division nous paraît très surprenante, étant donné que Sanxay, également archiprêtré, était beaucoup plus près.

1. — Archives de la Vienne, liasse 954.

En 1260, le Pouillé de Gauthier de Bruges, évêque de Poitiers , atteste également que nous dépendions d'Exoudun. De même, il est fait mention du droit de bissexte que les catholiques de Rouillé payaient à l'Evêque.[1] Ce saint évêque, en effet, parcourut tout ce diocèse, faisant le relevé des revenus de chaque paroisse. Toutes ces notes sont miraculeusement conservées dans un manuscrit intitulé « le Grand Gauthier »[2]

Au mois de juillet 1305, l'archevêque de Bordeaux, Bertrand de Got, plus tard pape sous le nom de Clément V, faisant la visite de sa province, passe par Rouillé, après avoir séjourné à Lusignan. Il y revint certainement plus tard, car il fut plusieurs fois l'hôte de Guy de Lusignan, en son château. Notre pays a donc été honoré de la visite d'un Pape[3]

En 1340, une malheureuse discussion survint au sujet d'une nomination d'un curé. Le chapitre de Saint-Hilaire, comme nous l'avons dit, choisissait, pour desservir la paroisse, un prêtre qui ensuite devait recevoir l'approbation de l'évêque. Or, les chanoines présentèrent Guillaume de Vergnee, qui ne fut point accepté par l'évêque. Celui-ci désigna à son tour un autre clerc Gérald de Darryna. Les deux candidats se trouvèrent donc en présence en même temps. Pour couper court à cette difficulté, Fort d'Aux, alors évêque de Poitiers, envoya un commissaire, muni d'une lettre patente où il était dit que tous les revenus et fruits de l'église de Rouillé étaient sous séquestre, puis, que tous les prêtres qui y diraient la messe seraient excommuniés. Cette lettre fut lue à la messe le dimanche, et quelques jours après, un autre curé était nommé[4].

Déjà, en 1180, un interdit avait était porté par Jean, évêque de Poitiers, sur les seigneurs de Lusignan et

1. — Ce droit consistait en certaines redevances en nature, que les fidèles donnaient volontairement les années bissextiles afin que le clergé bénisse les semailles, les bestiaux.
2. — A la Bibliothèque de la ville de Poitiers.
3. — *Histoire de N.-D. de Lusignan,*par Mgr Cousseau.
4. — Dom Fonteneau.

leurs terres, en raison d'usurpation de biens. Mais pour ne pas priver les habitants de Rouillé des saints mystères, l'évêque leur permet de célébrer les offices dans leur église, pour eux seuls et les portes étant fermées [1].

L'Eglise se montrait donc le défenseur des opprimés contre les usurpateurs ; elle a joué, en effet, durant tout ce moyen-âge, un rôle prépondérant de justice et de civilisation pour les peuples et les individus.

En 1250, nous voyons Jean de Melun, évêque de Poitiers porter une excommunication contre Simon Claret, sénéchal de Lusignan. Celui-ci avait retenu prisonniers Guillaume Bes, curé de Rouillé, Pouvereau, juge délégué par le chapître, qui portaient des lettres de l'évêque à Rouillé.

Ordre fut transmis à tous les archiprêtres de porter l'interdit sur les pays où seraient les prisonniers [2].

En 1507, une lettre de Georges d'Amboise, cardinal-archevêque de Rouen, porte condamnation contre tous ceux qui détiennent les biens de Jean de la Chapellerie, seigneur de Rouillé [3].

Habitants de Rouillé, saluons aussi au passage, tous ceux de nos concitoyens qui prirent part aux Croisades. Ils durent être nombreux. Le Pape Urbain était venu la prêcher à Poitiers . Wilhem XI, duc d'Aquitaine et comte du Poitou, conduisit une armée en 1101. Les seigneurs de Lusignan, nos voisins, dont l'un, Guy, fut roi de Chypre, amenèrent avec eux seigneurs et paysans de chez nous ; ils avaient, en effet, sur la paroisse beaucoup de propriétés.

§ II

Rouillé sous la domination anglaise

Durant cette période de l'an mille à 1500, notre petit pays connut toutes les calamités de la guerre, et du joug étranger.

1. — Don Fonteneau.
2. — id.
3. -- Note de M. de Clairvaux, de Celles-s-Belle.

Français jusqu'en 1155, nous devenons alors sujets anglais par le mariage d'Eléonore d'Aquitaine avec Henri roi d'Angleterre, elle lui apporte toute cette contrée en dot.

Ce fut le signal de la révolte, et nos aïeux, grands patriotes, de suite s'insurgèrent, formèrent une petite troupe, qui alla s'enfermer dans le vieux château-fort de Lusignan (1168). Ils y furent assiégés et pris par les Anglais, qui les massacrèrent et pillèrent toutes les localités environnantes.

En 1204, Philippe-Auguste chasse les Anglais. En 1241, le comte de la Marche, à la tête des armées anglaises, tint campagne aux environs de Lusignan[1]. Louis IX s'avance vers lui, avec son frère, qui avait été salué comme roi de France et d'Aquitaine, les chasse, puis continuant sa route, va les tailler en pièces à Taillebourg (1242). Nous redevenons Français.

En 1337 les Anglais reviennent, ils envahissent nos terres, installent leurs troupes au château de Lusignan et aux environs. C'est la désolation, plus de sécurité, ils égorgent nos pâtres, nos laboureurs, pillent nos hameaux. En 1351, le connétable Charles d'Espagne vient les expulser, malheureusement pour peu de temps. En 1361 en effet, par le traité de Brétigny, nous redevenions Anglais, et ceux-ci accourent tenir garnison à nouveau à Lusignan.

Mais voici que Bertrand Dugesclin arrive ; venant de Niort, il arrête ses troupes chez nous. Pris de peur devant le libérateur de la France, les Anglais fuient éperdus et, sans coup férir, abandonnent d'eux-mêmes le château de Lusignan. C'est la fin de la domination · Anglaise, nous sommes Français, le 5 Mars 1373.

Cette guerre de cent ans n'avait laissé que des ruines ; les terres étaient incultes, c'était la misère. Aussi le chapitre de Saint Hilaire, dans une lettre datée de 1407 au curé de Rouillé, lui enjoint-il de travailler de toutes

---

1 — *Histoire du Poitou* de Guérinière p. 410.

ses forces à relever la culture .[1] Cette guerre de cent ans
avait fait tant de victimes, qu'au commencement du xv[e]
siècle, nombre de paroisses, dans quelques pays, n'a-
vaient pas d'habitants [2]. On devine alors dans quel misérable état était Rouillé.

1. — Dom Fonteneau.
2. — *Revue de l'ami du clergé*, année 1907, p. 298.

CHAPITRE VII

Protestantisme

§ I
Prédication du protestantisme (1534-1550)

C'est une page lamentable que je suis obligé d'écrire ici. Je le ferai sans aucune intention malveillante, mais avec l'impartialité de l'historien qui a compulsé, et qui dit ce qu'il a lu dans les manuscrits et mémoires de cette époque, 1500-1789.

Donc avant 1500 le nom de protestant était inconnu. Dans notre contrée le protestantisme fut apporté par Calvin.

Il commença à prêcher à Poitiers vers 1534, et de là parcourut Croutelle, Lusignan, Rouillé, Saint-Sauvant, alla même jusqu'à l'abbaye de Valence, près de Couhé-Vérac, où il prépara le mariage de l'abbé de ce monastère avec la Supérieure des Bénédictines de Bonneuil[1].

Il ne resta que très peu de temps en Poitou et de là, gagna Genève, mais il laissait derrière lui quelques disciples épris de ses nouveautés. Les premiers convertis, que nous connaissions ici, sont les de Gourjault, seigneurs de Mauprier et de Venours. Dans les papiers de la famille, j'ai trouvé cette mention : « convertie à la religion prétendue réformée sous François Ier, » donc avant 1547.

D'ailleurs, c'est un fait indéniable, les premières conversions se firent dans les châteaux, et si chez nous le protestantisme est si répandu, ce qui contraste étonnamment avec les paroisses voisines, où il est presque inconnu, nous le devons aux nobles.

Rouillé possédait à cette époque trois châteaux très importants : Venours, habité par les de Gourjault, l'Augerie, par les Moysen, Boisgrollier, par les Levesque.

---

1. -- Ancien monastère dépendant de la paroisse de Sainte-Soline.

Or, les deux premiers, dont les seigneurs furent des protestants acharnés, servirent d'asile à la réforme. Les Levesque restèrent catholiques, mais quittèrent le pays pour éviter les massacres des guerres de religion.

Il ne fait de doute pour personne, en effet, que la noblesse jalouse du roi, pour créer un parti contre son autorité, favorisa dans un but uniquement politique les nouvelles doctrines. La conspiration avortée d'Amboise de 1560 en est une preuve flagrante.

Les seigneurs de Venours et de l'Augerie ayant beaucoup de terres, amenèrent à leurs idées tous ceux qui dépendaient d'eux. Ce qui est digne de remarque, c'est que la partie sud de la paroisse, où se trouvaient leurs propriétés, a conservé cette primitive atteinte du calvinisme ; de nos jours encore, elle est presque totalement protestante, tandis que la partie nord est, en très grande majorité catholique. Ces deux seigneurs faisaient prêcher dans leurs châteaux, et célébrer toutes les cérémonies, ordinairement par le pasteur de Lusignan. Rouillé, en effet, n'a eu ni temple ni pasteur jusqu'à la Révolution.

Dès son apparition, les parlements et les juges inférieurs voulurent arrêter les premières semences de division, qui menaçaient de jeter la perturbation, et de compromettre la tranquillité publique.

En effet, protégés par la noblesse, les protestants commencèrent à attaquer violemment la religion catholique, tandis que leur nombre, accru de beaucoup de gens épris de nouveautés, les rendait plus redoutables.

Pour donner corps à cette nouvelle doctrine, pour la réduire dans un formulaire où elle apparut avec toutes ses innovations, les réformés rédigèrent à Paris, en mai 1559, les premières constitutions de l'église protestante. Comme jadis les apôtres, avant de prêcher l'Evangile, se réunissent d'après la tradition pour formuler, dans sa substance, notre immortel *Credo*, de même tous les ministres, et ceux du Poitou en formaient le grand nombre, se rendent à ce grand synode, pour composer le *Credo* protestant. Une seule différence, les apôtres avaient leurs pouvoirs de Jésus-Christ, et les pasteurs tenaient leurs titres de Calvin.

On mit en abrégé la dogmatique de Calvin. Ce fut donc la première croyance des protestants de Rouillé. Or, elle a bien ehangé depuis. M. Lièvre, ancien pasteur de Couhé, et particulièrement compétent sur toutes ces questions, lorsqu'il n'écrit pas de parti pris, ne peut s'empêcher de déclarer qu'elle fourmille d'erreurs [1]. On enseignait la prédestination absolue, à l'enfer aussi bien qu'au ciel, système faux et profondément immoral, en vertu duquel un homme est nécessairement damné ou sauvé, quoiqu'il fasse. Le jeûne et l'abstinence y étaient prescrits : aujourd'hui il n'existe plus rien de ces préceptes. Dans chaque église protestante, il devait y avoir également, à côté du pasteur et chargée de le surveiller, une assemblée d'anciens. Aucun protestant ne devait trahir son frère, etc., etc......... ».

Mais tandis que ce nouvel évangile pénétrait un peu partout, grâce à l'influence des nobles qui avaient presque tous en cette contrée embrassé le calvinisme, les pillages, les révoltes à main armée commençaient de toutes parts.

Notre paroisse, en effet, connut toutes les horreurs des guerres de religion. De 1558 à 1570, le culte catholique ne put être célébré ici, et Michel le Riche [2] ajoute, qu'il en fut ainsi dans tous les environs. D'ailleurs de 1509 à 1600, nous n'avons aucun nom de curé de Rouillé. Il y en eut certainement au moins jusque vers 1552. Leurs noms ont disparu au milieu de tant de ruines.

§ II
Pillages par les armées protestantes.
1550-1568

C'est en effet vers 1550, que commencent ces guerres de religion qui furent une succession de traités et d'édits

1. — Lièvre, *Hist. du Protestantisme en Poitou*.
2. — Le *Journal* de Michel le Riche de Saint-Maixent, raconte jour par jour, avec quelques lacunes cependant, tous les évènements de cette région de 1534 à 1568.

tour à tour violés ou dénaturés, et qui pour nous eurent comme conséquence, la misère et les massacres.

A cette date, il y a déjà beaucoup de protestants parmi nous, ainsi qu'il est constaté par une lettre du curé de Rouillé au chapître de Saint Hilaire (1556), où il se plaint que « l'hérésie se prêche en sa paroisse malgré les édits », et il ajoute « qu'il ne peut rien dire, car lui et ses catholiques sont déjà très maltraités [1] ». Au milieu de toutes ces difficultés, notre paroisse était dépouillée de toutes ressources, puisque Henri II, pour faire la guerre aux Anglais, avait saisi tous les biens ecclésiastiques, et en particulier tous les revenus et une partie des terres de Rouillé appartenant au chapître de Saint Hilaire.

En 1558, les armées protestantes sont maîtresses de toute cette contrée. Elles occupent le château de Lusignan. Il n'y a plus de curé à Rouillé, peut-être a-t-il été tué, ainsi que le pourrait faire croire la lettre du chapître de Saint Hilaire au roi, où il demande justice. D'ailleurs Lièvre ne craint pas de dire, qu'à cette date les protestants se sont emparés des églises et des cures, pour y installer leurs ministres [2]. Il y eut, en effet, dans le Poitou, 70 prêtres tués dans les guerres de religion. Ces chiffres sont cités par Lièvre, ils sont donc plutôt en-dessous de la vérité, car dans d'autres documents nous en avons trouvé de bien plus élevé.

Les protestants sont si bien les maîtres, que le prince de Condé, chef politique du parti huguenot, n'ayant pas été reçu à Poitiers resté fidèle au roi, vint à Lusignan et dans les environs, recruter de nouveaux soldats et de nouveaux officiers, qu'il conduira en 1562 au siège d'Orléans.

Le château de Lusignan fut, en effet, l'une des places fortes des protestants des plus imprenables, et qui commandait toute cette contrée. Il resta en leur possession presque continuellement, jusqu'en 1576, où pris par les

1. -- *Archives de la Vienne.* G. 954.
2. -- Lièvre, *Histoire du protestantisme du Poitou.*

4

armées catholiques, il fut démoli par tous les ouvriers des paroisses environnantes.

Pour arrêter ces premiers feux de guerre civile, Charles IX assembla à Orléans les Etats-Généraux, afin d'y discuter cette grave question. Les élus de la nation refusèrent d'accepter le protestantisme. Ce fut alors une recrudescence de cruautés de la part des réformés dans tout le Poitou.

C'est à cette date qu'il faut placer le pillage de notre église. Ceci ressort de deux documents de 1562, écrits par les chanoines de Saint Hilaire, exposant l'état de leurs églises et de leurs propriétés. Parmi les ornements qu'on a sauvés en toute hâte à l'approche des bandes huguenotes, est mentionnée la « Capse » la chape de Rouillé ainsi que divers objets du culte. Je ne puis m'empêcher de citer une partie de ces pièces, écrites au moment même des événements, et qui sont les témoignages les plus irrécusables des atrocités commises. Ces documents, très peu connus, et dont chacun peut prendre connaissance se trouvent à la Bibliothèque de la ville de Poitiers dans Dom Fonteneau.

Etat des objets que les chanoines de Saint-Hilaire prirent dans leur sacristie pour les sauver du pillage des Huguenots...

« Ont esté porté cheu Maître Pierre Monsor, maistre de la psallette... la capse de Benassais et de Rouillé, la première capse du bourg, le tout mis en ung hault grenier... Or ce fut fait en may MVᶜLXII (1562) à l'arrivée des Gascons... après le pillage des églises par les Gascons, environ deux années auparavant le mois de may, juin, juillet MVᶜLXIV (1564). [1]»

La lettre suivante est encore plus explicite : nous ne pouvons la citer *in extenso* bien qu'elle soit singulièrement intéressante, nous n'en reproduisons que quelques passages.

[1]. — Dom Fonteneau, t. XII, p. 279.

Remontrance adressée au roi par les chanoines de Saint-Hilaire pour lui exposer les pertes qu'avaient fait éprouver à leurs églises, les pillages et les excès commis par les protestants, lui signaler les menées dangereuses de ces derniers et le supplier de ne point permettre que les biens ecclésiastiques fussent aliénés : (1564)

« En premier lieu, que lesdicts supplians ont toujours vécu en paix et amitié avec ung chacun sans jamais avoir donné à ceulx mesmement qui se disent de la religion réformée de faire aulcune émotion, comme ils font encore, jaçois que lesdicts supplians ayant receu et reçoivent encore d'eulx plusieurs torts injures et dommages... Et néantmoins lesdicts supplians ont été si maltraités que ung chacun peut veoir. Vous asseurant qu'ils ne scauraient par aulcun discours de paroles, tout long et ample pust-il être, discourir et remontrer les excès et violences à eulx faites que la veue ne démontre davantage, vous suppliant à ceste cause veoir et visiter ce qui en est, ensemble procès-verbal fait sur leurs ruines et démolitions..... (Ils prenaient les ornements sacerdotaux, s'en revêtaient par dérision ou s'en servaient pour les usages profanes.)

« ..... Et si les dicts supplians ont esté si mal menés et traictés en public, choses qu'ils déplorent encore plus que leurs pertes matérielles, ils n'ont esté mieulx favorisés et traictés partout où ils avaient du bien. Ca ayant esté abandonné aux dits séditieux par leurs chefs (leurs curés) non pour autre raison que ce que dessus, au pillage comme prétendus ennemis, ils ont esté entièrement pillés et saccagés partout où ils avaient tant soit peu de bien, et que ne leur est rien demeuré et plus est n'estaient en sûreté de leurs personnes, au moyen de quoi ils ont esté obligés de s'enfuir et plusieurs d'eulx mendier comme encore à présent en plusieurs endroits de ce pays, les pauvres ecclésiastiques sont aussi maltraités que jamais, et la mémoire étant encore récente, plusieurs ont été cruellement et inhumainement meurtris et occis.... Or esperaient les dicts

supplians que l'édit de pacification [1] serait obei tant par
ceulx qui tiennent la saincte religion catholique que les
autres tenant la contraire religion. Mais tant s'en faut...
Ils (les protestants) administrent indifféremment les
sacrements à leur mode à tout venans mesme sur plusieurs terres et seigneureries des dicts supplians, comme
à Rouillé..... Voyx se trouvent plusieurs lieux et en-
droicts de ce pays où le service divin ne se faict suivant
le vouloir du roy et où les pauvres prestres n'osent
aulcunement converser pour les outrages qu'on leur
faits..... [2]»

Nous pourrions continuer la citation, ceci suffit pour
nous édifier. Lorsque les huguenots arrivaient dans une
paroisse, ils s'emparaient de suite des revenus des
églises, convertissaient ces églises en granges ou les
muraient [3].

Cet esprit de destruction ne me surprend pas, puisque dans les premiers mois de 1563, il s'était tenu
plusieurs réunions de consistoires à Poitiers, où il avait
été décidé de s'emparer des « églises, châsses, personnes
ecclésiastiques, cercueils d'églises « c'est-à-dire tom-
beaux des saints [4].

Pourtant ces actes de vandalisme n'avaient aucune
excuse, car l'édit de Janvier 1561 décrétait que les protestants pouvaient exercer leur culte, à la condition de
ne point « abattre à l'avenir les croix et autres emblêmes
du catholicisme ». Ce fut cependant à cette époque,
qu'ils firent main basse sur tous les édifices catholiques
du pays [5].

N'avons-nous pas ce triste exemple de Poitiers. Le 27
mai 1562, ils mettent à sac toutes les églises de cette
ville, ils sortent de son tombeau le corps de Sainte-Ra-

1. — L'Edit d'Amboise, 19 mars 1563, qui défendait aux ecclésiastiques, toute action contre les protestants pour raison de pertes,
injures, coups, ...
2. -- Dom Fonteneau, t. xii, p. 279.
3.-- Lièvre, Hist. du Protestantisme en Poitou.
4. -- Journal de Michel Le Riche p. 82.
5. -- id. p. 85.

degonde, et le brûlent sur la petite place attenant à
cette basilique, ils promènent sur une civière la vieille
statue de Notre-Dame des Clefs, à qui on attribuait la
délivrance de Poitiers des Anglais [1]

§ III

**Guerres de religion. — Bataille de Rouillé,
1568. — La Saint-Barthélemy en Poitou, à
Rouillé.**

Durant tous ces temps troublés, les armées protestantes
et catholiques passaient sur notre sol, y amoncelant
naturellement la ruine et le sang. Rouillé, en effet, est
placé sur la grand'route Saint-Maixent-Lusignan-Poi-
tiers, où se déroulèrent en grande partie toutes les
guerres de religion en Poitou.

En 1568, eut lieu une bataille, une rencontre des
armées ennemis aux environs du Petit-Breuil, village
de Rouillé. Le roi, en effet, avait envoyé en Poitou, le
duc de Montpensier et le duc d'Anjou avec des forces
considérables, afin d'arrêter les excès des huguenots.
On était en hiver au mois de Janvier. Toutes les armées catholiques étaient réunies à Chatellerault, et le
duc d'Anjou décida de venir hiverner aux environs de
Rouillé. Avec le gros de l'armée, il vint s'établir à Jazeneuil et Sanxay, tandis que le vicomte de Martigues
avec le reste des troupes suivit le chemin de Lusignan-
Rouillé-Pamproux [2] afin de camper en avant de ce bourg.

Le prince de Condé, lui aussi avait rassemblé toutes
ses troupes, et était campé également aux environs de
Pamproux. De part et d'autre, on s'attendait à un combat pour le lendemain. Mais la nuit venue, le comte de
Martigues, qui n'avait là que l'avant-garde catholique,
fit battre le tambour à la suisse, afin de tromper son
adversaire sur les forces de sa troupe ; puis il ordonne

---

1. -- *Histoire du Poitou*, de Thibaudeau, p. 286.
2. -- Aujourd'hui vieux chemin qui passe par la Terraudière-
l'Epine.

d'attacher aux buissons des bouts de corde, de les allumer afin de donner l'illusion d'un vaste camp. Ceci fait, en pleine nuit, il se retire en silence, vers le gros de l'armée, au village du Châtaignier, à 1500 mètres du bourg de Rouillé.

A l'aube, les protestants reconnurent la ruse, et Condé traversa Rouillé, se dirigeant vers Jazeneuil, où l'amiral de Coligny venait également d'arriver, Tout annonçait une action générale, il n'y eut pourtant que quelques escarmouches, où les catholiques furent maltraités. Leurs blessés périrent presque tous, ce qui fit croire que les protestants avaient empoisonné leurs balles [1].

On le devine, la terreur est générale dans toute la contrée. A Paris c'est le massacre de la nuit du 24 août 1572, la Saint-Barthélemy !

Ce crime atroce, absolument politique, qu'on a voulu rejeter sur les catholiques, mais qui n'a jamais été commandé ni même conseillé par aucun des chefs de l'Eglise catholique ! Tout historien sans parti pris est obligé de le reconnaître, et ils mentent effrontément ceux qui nous en jettent là responsabilité. Faut-il dire une fois de plus son motif ? Catherine de Médicis, qui déjà avait voulu faire prisonnier l'amiral de Coligny, par jalousie, à cause de son influence sur le roi, déclare au trop faible Charles IX, que les protestants ont formé un complot contre sa personne, et le pousse à les exterminer. Le roi résiste d'abord, puis cède, et Catherine prend aussitôt les dispositions nécessaires pour ses cruels desseins. Je ne vois en tout cela qu'une reine terriblement ombrageuse, mais je n'y perçois aucune main véritablement catholique.

La Saint-Barthélemy ne fit point de victime, ni à Rouillé, ni dans tout le Poitou. On crut si bien dans tout le pays, qu'il s'agissait purement d'un complot contre le roi, qu'on fit dans les paroisses, tel à Saint-Maixent, une procession pour remercier Dieu d'avoir sauvé la vie du monarque [2].

1. -- Thibaudeau. *Hist. du Poitou*, p. 205.
2. -- *Journal* de M. Riche, p. 109.

Mais ce qui est plus certain, c'est que les armées de Condé, maîtresses de toute cette contrée, tenaient garnison à Lusignan et avaient établi un camp au Châtaignier. De là ils se répandaient dans les villages, s'emparaient de tout, chevaux, bêtes, etc... Les jours de marché de cette ville, ils arrêtaient ceux qui s'y rendaient et ne lâchaient leurs prisonniers que contre bonne rançon. C'est ainsi que « le mardi 14 septembre 1574, un médecin appelé de Médicis, de Saint-Maixent, allait visiter Mme de la Sauvagère, malade en son logis. Il fut pris par les soldats de Lusignan qui se saisirent de lui et du serviteur de Mme la Sauvagère, otèrent les chevaux et les menèrent à Boisgrollier[1], d'où la nuit venue, le médecin s'évada ayant perdu manteau, épée et bottes ; le serviteur y demeura[2].

Pour arrêter toutes ces déprédations, le duc de Montpensier vint mettre le siège devant Lusignan. L'attaque fut longue et terrible. Des ministres protestants étaient avec les combattants, aux quatre quartiers de la citadelle, et tel était leur ascendant sur les soldats, que ceux-ci après les avoir entendus ne craignaient point la mort, persuadés qu'ils allaient tout droit en paradis[3]. Le 25 janvier 1576, le château fut pris et le duc de Montpensier en ordonna aussitôt la démolition. Tous les ouvriers du pays de dix lieues à la ronde y vinrent travailler. A ce moment, la reine Catherine de Médicis était au château de Boisgrollier, elle vint contempler une dernière fois cette vieille forteresse qui disparaissait.

Le culte protestant continuait toujours à s'exercer dans la paroisse. Sans doute les protestants n'avaient point le droit de posséder un temple et un pasteur, les privilèges du chapitre de Saint-Hilaire le leur interdisaient, mais plusieurs édits, et celui de 1577 surtout,

1. -- A Boisgrollier et au Chataignier, les seigneurs avaient fui dès le commencement des guerres de religion.
2. -- *Journal* de Michel le Riche, p. 196.
3. -- Thibeaudeau, *Hist. du Poitou*, p. 331.

accordaient à tous les seigneurs hauts-justiciers l'autorisation du culte dans leurs châteaux.

C'est pourquoi les de Gourjault de Venours et les Moysen de l'Augerie réunissaient chez eux tous leurs adeptes pour le prêche. Pourtant les principales cérémonies avaient lieu au temple de Lusignan. C'est ainsi que le 27 avril 1579, un nommé de Vasselot, seigneur de Regné va y faire bénir son mariage avec la seconde fille du seigneur de l'Augerie, par le ministre de l'église réformée.

La reine-mère, Catherine de Médicis, avait obtenu d'Henri III un édit de liberté de conscience entière pour les protestants, ce qui n'arrêtait point leur haine dévastatrice. En avril 1583, ces bandes pillent tout entre Jazeneuil Rouillé et Lusignan [1], tandis qu'un important synode se tient à Jazeneuil.

Si Rouillé n'eut pas de pasteur à demeure, il entendit souvent la parole des prédicants. Pris parmi les ouvriers, les cultivateurs, — parfois même c'étaient des femmes, — ayant aucune instruction et de bien faibles connaissances religieuses, ils annonçaient l'Evangile à leur fantaisie. Il y eut souvent des attaques très envenimées, entre pasteurs et prédicants. Les premiers se faifaient appeler « Messire », les seconds étaient le bas-clergé. Les uns et les autres, au rapport de Necker, étaient en général peu instruits [2]. Les ministres se faisaient payer par leurs adeptes, souvent même ils l'exigeaient des catholiques, et lorsque les ressources n'étaient pas suffisantes, ils abandonnaient leur poste, tel celui de Jazeneuil en 1583. Comme ils se plaignaient dès cette époque de n'avoir pas un traitement assez élevé, Henri IV, le 15 mars 1590, ordonne qu'ils recevront désormais 200 livres de l'Etat. Pasquier, alors pasteur à Lusignan et faisant le service de Rouillé, les touche.

Quelques temps après, ce grand roi signait l'Edit de Nantes (1598), qui fut le dernier acte de cette longue

1. -- *Journal* de Michel le Riche p. 376.
2. -- *Etat du Poitou*, 1664, p. 23.

période de guerres religieuses, et désarma tous les
adversaires. Une ère de paix et de tranquillité semblait
s'ouvrir, soldats et alliés rentrèrent dans leurs foyers.

§ IV

**Le culte catholique après les guerres de reli-
gion. — Dernières luttes religieuses 1615-1629.**

Quel spectacle lamentable que notre pauvre paroisse
à l'aurore de ce xviiᵉ siècle ! A la suite de toutes les
guerres, les champs sont devenus incultes, les routes
impraticables. Nous avons trouvé un état de 1611 de la
route qui traverse le bourg, elle est complètement dé-
foncée sur toute l'étendue de la paroisse, et on demande
qu'elle soit pavée sur une largeur de 15 pieds.

Le culte catholique renaît aussi ; en 1605, est curé à
Rouillé, déjà depuis plusieurs années, Jean Ferchaud.
On a aménagé une chapelle au cimetière pour remplacer
l'église détruite. Elle est assez grande, car il n'y a que
13 familles catholiques, tout le reste est protestant[1].

En 1609, Messire Guerry est curé ; peu à peu notre
église est relevée de ses décombres ; elle est rendue au
culte vers 1630, sous l'administration de Messire René
Desnos, curé. Encore à cette date et jusqu'en 1678, on
enterrait quelques particuliers dans cette chapelle qu'on
appelait alors « la vieille église[2] ».

En même temps que se réparaient tant de pertes matérielles, l'évêque de Poitiers travaillait à vivifier la
religion catholique, si cruellement éprouvée dans toute
cette contrée. Il y eut à cet effet en 1615, une mission
prêchée à Rouillé par deux Pères Capucins du couvent
de Melle. Mgr de la Roche-Posay les avait établis dans
cette ville, et de là ils rayonnèrent dans tous les environs,
où ils opérèrent beaucoup de conversions[3].

1. -- Archives de la Vienne, G. 950.
2. -- *Registres paroissiaux* de 1630.
3. -- Thibaudeau, *Hist. du Poitou*, p. 256.

D'autre part, les protestants avaient parmi eux, des anciens, et ils se rendaient à Lusignan pour leurs principales cérémonies. En 1655, Charles Gourjault veut bien construire un temple à Venours, en violation de l'Edit de Nantes et de l'Ordre des Grands Jours de Poitiers de 1634[1] ; mais il reçoit ordre d'arrêter les travaux. Il invitait pourtant très souvent le pasteur de Lusignan à prêcher chez lui. Aussi en 1669, Claude Arnaudeau, pasteur de Lusignan, venu à Venours pour faire le prêche, évite toute condamnation en promettant de ne plus prêcher à l'avenir hors de sa résidence.

Durant ce temps, la charité catholique ne s'arrêtait point au seuil des maisons protestantes. Les hôpitaux alors étaient tenus et administrés par les grands ordres religieux. Or, tous les malheureux, protestants ou catholiques, étaient indistinctement reçus ; c'est ce que confirme l'ordonnance royale de 1666.

Il faut également remonter vers le milieu du xviiᵉ siècle, pour retrouver l'habitude qui existe encore de nos jours, chez les protestants, d'enterrer leurs morts dans leurs champs. Cet usage se généralisa après 1666, date de l'arrêt de Louis XIV qui défend d'enterrer les protestants dans les églises et les cimetières catholiques.

Il n'était pas permis, en effet, d'après une très vieille tradition, sanctionnée par le concile de Trente de 1563, d'inhumer, au cimetière regardé comme un lieu consacré, ceux qui mouraient hors de l'Eglise.

Aussi lorsqu'un hérétique était décédé, la famille prévenait le lieutenant général, qui donnait autorisation de procéder à la sépulture du défunt, *sine motu et scandalo*, sans bruit et sans scandale, de bon matin, ou le soir. En fait, toutes ces prescriptions n'étaient point suivies et la cérémonie s'accomplissait en plein jour, au su et vu de tous[2].

1. -- Les ordonnances des Grands Jours et l'Edit de Nantes stipulaient que les protestants ne pouvaient édifier de temples là où les seigneurs décimateurs étaient ecclésiastiques ; ce qui était le cas pour Rouillé.

2. -- *Etat du Poitou 1664*, p. 23.

Une telle situation a amené cette conséquence, c'est que les familles protestantes, n'eurent point d'état civil antérieur à la Révolution. Seuls, parfois, les jeunes époux faisaient un contrat de mariage enregistré par un notaire, ce qui constituait une pièce authentique. En effet, l'état civil de la mairie dans chaque commune date de 1791. Auparavant le curé de paroisse tenait les registres des baptêmes, mariages, enterrements de tous ses paroissiens, c'étaient les actes légaux. Et, à l'heure actuelle, si l'on veut faire des recherches sur les origines des familles, on est obligé de consulter ces registres. Chez nous, tous ceux que les curés successifs de Rouillé nous ont légués, sont parfaitement rédigés. Comme toujours, si l'on désire des documents sur l'histoire passée, c'est à l'Eglise qu'il faut recourir, elle a été de tout temps la pionnière de la science.

Pour obvier à cette grave lacune, Louis XIV rendit un arrêt le 2 avril 1666, ordonnant à tout pasteur de tenir un registre des baptêmes et mariages. L'ordre sans doute ne fut point exécuté, car nous ne connaissons aucun de ces registres pour Rouillé. M. Maillart, ancien pasteur de La Mothe, prétend qu'il y en avait de 1647 à 1681. Ils sont, sans doute, perdus, nous n'avons pu consulter, en effet, que ceux de 1789-92, déposés au greffe du tribunal de Poitiers. Le conseil municipal paya lui-même le papier destiné à ces registres [1]. Les consistoires avaient pourtant leurs cahiers de délibérations. Nous avons eu, entre les mains, celui du consitoire de Lusignan de 1678, dont dépendait Rouillé. Il est signé, Maillart, pasteur. La cérémonie d'introduction d'un catholique dans le calvinisme avait une certaine solennité, dont elle est dépourvue depuis longtemps. Le néophyte était présenté au consistoire et après les serments et protestations pour vivre et mourir dans cette religion, il était admis...

Il en était tout autrement pour la religion catholique. Selon les prescriptions du concile de Trente (sess. xxiv,

---

1. -- Papiers de la Révolution 1791, pour Rouillé.

chap. ii, *p*. *101*), ratifiées par plusieurs constitutions synodales, tout curé devait tenir avec soin les registres de sa paroisse. A Rouillé, il en fut ainsi, le premier que nous ayons est de 1649. Il est signé, René Desnos, alors curé. Depuis cette date, jusqu'à nos jours, nous les possédons tous, excepté ceux des premières années qui suivirent la Révolution, ceci est dû à l'absence de curé résidant à Rouillé.

. . . .

Ces premières années du xviie siècle paraissaient assez tranquilles. Ce ne fut qu'une courte trève ; les haines religieuses se réveillèrent bien vite. En 1612, le marquis de Bonnivet, à la tête d'une troupe armée, ne cesse de guerroyer autour de Lusignan. La guerre commençait à renaître, et le duc de Guise, après avoir tout d'abord dispersé ses troupes, les réunit à nouveau, et au mois de février 1615 campe à Rouillé, s'avance vers Pamproux pour surprendre le prince de Condé à Saint-Maixent[1]. En 1616, la paix est encore une fois conclue. Elle fut de brève durée, En 1621, la ville de La Rochelle ayant résolu d'établir une république protestante en France, Richelieu, dès son arrivée au ministère, s'empressa de la réduire. Ce fut l'occasion d'une levée de troupes huguenotes, qui, sous les ordres de Soubise, renouvelèrent les pillages des premières guerres de religion[2]. Après la prise de la Rochelle la paix fut encore signée à Alais, 1629, ce fut la dernière lutte fratricide, entre protestants et catholiques.

§ V.

Premières conversions. — Révocation de l'édit de Nantes. — Dragonnades

Lorsqu'enfin le pays fut pacifié, prêtres et missionnaires se mirent à l'œuvre, pour éclairer tant d'hérétiques, épris du Calvinisme, autant par esprit de nou-

1. -- *Histoire du Poitou*, de Guérinière, p. 406-415. t. I.
2. -- *Id*. p. 429.

veauté que par imposition plus ou moins forcée. A partir
de 1650, le mouvement des abjurations se dessine, ainsi
que l'indiquent les registres paroissiaux. En 1660, Messire
Thibault, alors curé, ne peut plus suffire, il demande
pour l'aider dans son ministère, un vicaire. L'abbé
Gireuze lui est envoyé la même année, par acte capi-
tulaire.

En 1668, l'on compte déjà 50 ou 60 communiants,
donc à peu près une vingtaine de familles catholiques[1].
Sur l'Etat du Poitou rédigé par ordre de Colbert en 1644,
Rouillé avait 418 feux, ce qui équivaut à une population
de 1700 à 1800 habitants environ.

En 1679, dans une lettre à l'Evêque de Poitiers, Messire Thomas, curé, déclare que la paroisse atteint à peu
près 1800 habitants, dont 300 catholiques « presque tous
récemment convertis, peu d'anciens catholiques[2] ».

Quelques-uns se convertissent sur leur lit de mort,
telle Jeanne Bouté de la Garnaudière, qui très malade,
demande à abjurer. Le cas n'était pas rare aussi de
protestants qui empêchaient, par la terreur ou par la
menace, leur femme ou leurs enfants, soit « de se chan-
ger », soit de pratiquer la religion catholique, qu'ils
venaient d'embrasser. Dans une lettre à l'autorité religieuse, Messire Thomas, curé, s'en plaint, et nomme
un certain Pierre Sabourin.

Pour se maintenir dans cette contrée, les pasteurs
imposaient leurs gages aux habitants qui relevaient de
leur ministère, les catholiques eux-mêmes n'étaient pas
épargnés. M. de Marillac, intendant du Poitou, leur
prescrit de ne rien lever sur ceux-ci, et cette défense fut
confirmée par un arrêt royal de 1666[3].

Les passions religieuses étaient loin d'être éteintes,
qu'on en juge par cette lettre envoyée de Rouillé, au pré-
sidial du Poitou ; elle n'est pas signée :

1. -- Archives de la Vienne G. 954.
2. -- *Registres paroissiaux*.
3. -- Archives de la Vienne C. 49.

Monseigneur,

« Je prends la liberté de vous écrire, quoique je ne sois pas connu de vous, mais du consentement de tout le monde qui m'a dit de m'adresser à vous que vous feriez une bonne justice sur le fait, dont j'aurai l'honneur de vous entretenir par ma lettre, dont je vais vous exposer le fait en ces termes : Vous saurez qu'un homme, Louis Métayer, dont le grand'père, le père Vincent, âgé de soixante et dix ans et le fils âgé de trente cinq ans, cordonnier de père en fils, ancien catholique eut le malheur, le 29 de mars, dimanche, revenant de Saint-Sauvant de passer par le village de la Chaplatière, de la paroisse de Rouillé, avec trois paires de souliers qu'il avait dans un bissac, dont une paire était pour un nommé Ingrand, du dit village Chaplatière, n'ayant trouvé personne dans le dit lieu, eut le malheur de monter à cinq ou dix pas de la dite maison, il entre dans une grange tout proche, là où il y avait bien deux cents personnes ensemble dans cette dite grange, prêchées par un nommé Pothet qui ne fait autre chose partout où il passe, corrompant les gens et même les anciens catholiques et même qu'il a été pris une autre fois pour le même fait, à qui on avait pardonné en ce qu'il s'était fait catholique et qu'il ne prêcherait plus, ne laisse pas pourtant de continuer, étant accompagné d'un nommé Pierre Marsault qui prêche aussi, du même village, à son tour. Le dit Louis entre dans ce lieu, ne croyant pas qu'il y eut les gens qui y étaient qui le menacèrent avec leurs poings, lui pour lors tout étonné sort de ce lieu, aussitôt six personnes le suivent, un nommé Bobeau, du village de Verrine, paroisse de Pranzay[1], avec un nommé Ingrand de la Fond-de-Cé et Gotereau demeurant à Mauprié de la paroisse de Pranzay, qui lui disent en l'atteignant à coups de bâtons, à coups de pieds, lui disant, il faut que nous le tenons, et poursuivirent leur mauvais

---

1. — Pranzay est une ancienne paroisse de Lusignan, dont l'église était placée sur la route nationale, quelques centaines de mètres après la Basse-Ville. Le cimetière de Lusignan porte le nom de cimetière de Pranzay. Cette paroisse a disparu avec la Révolution.

dessein jusqu'à ce qu'ils le laissent pour mort ne lui connaissant plus de respire, ensuite s'enfuirent dans leur grange avec le bissac chargé de trois paires de souliers qu'ils lui ont pris, ensuite, après avoir été quelques heures sur ce lieu, il revient à lui s'étant vu tout en sang, la tête couverte de sang, il ramassa son chapeau éloigné de lui avec son bâton. Tout chargé de coups il revient en sa maison au bourg de Rouillé, comme fait foi la visite d'un nommé le sieur Miransol maître chirurgien et de Belay autre chirurgien qui l'ont trouvé tout meurtri avec de grandes cicatrices à la tête au corps aux bras aux jambes, enfin il n'y a point de partie qui ne soit meurtrie, et le chirurgien a dit qu'il faut qu'il ait eu la force d'un bœuf pour n'en pas mourir, et m'ayant appelé pour le voir je l'ai vu en cet état. Ensuite accompagné d'un nommé Louis Nespin et Jean Moreau du bourg de Rouillé pour aller voir le lieu et ensuite pour blâmer les gens du lieu du maltraitement, je ne vis d'abord qu'une femme nommée Bruneteau parente de celle à qui appartient la grange qui me dénie la dite grange et ne connaitre pas les personnes. Ensuite ayant été plus loin une autre me fit voir la grange et moi je retourne sur mes pas ou je blâme la dite femme qui met ensuite ses chiens après moi. Ainsi, Monsieur, je souhaite voir de votre charité de faire faire justice à votre substitut de Poitiers pour me mettre et aussi les catholiques à couvert contre l'insolence des huguenots qui tiennent le prêche à tous les villages de ma paroisse disant hardiment qu'ils ont liberté de conscience ce que je ne crois. Vous saurez que la dite paroisse est composée de 1800 personnes et il n'y a pas trois cents catholiques. Ainsi ils accablent les catholiques en les chargeant de taille pour se décharger. C'est à quoi on devrait veiller dans les lieux ou il n'y a que des hérétiques [1].

Cette lettre met bien à jour cet état d'esprit de révolte, qui existait dans la paroisse. Les Seigneurs de Venours étaient pour beaucoup dans toutes ces discussions. Rien

1. -- *Registres paroissiaux.* 1679.

pourtant de la part des catholiques ne provoquait à cette rancune. Dans un opuscule imprimé de 1680[1] et conservé aux Archives de la Vienne, l'auteur déclare « qu'il met au défi de citer un seul coup, une seule méchanceté qu'on ait faite aux protestants. » La lettre du chapitre de Saint-Hilaire au roi, déjà précitée, est également très probante à cet égard.

Au milieu de toutes ces péripéties, les conversions vont croissant. Le consistoire de Lusignan aux abois (1680) sollicite partout des secours pour aider les ministres à diriger leurs fidèles. Il écrit une lettre pressante aux seigneurs de l'Augerie, afin de contribuer à maintenir le consistoire. Sur ces entrefaites, il envoie chez nous deux prédicants, Pierre Aumônier à Boisgrollier, et Daniel Nivelle au Grand-Breuil (23 février 1681).

Durant ce temps, Mgr de la Hoguette employait tout son zèle à ramener les hérétiques. Au mois de mars ou d'avril 1681, il dépêchait ici son vicaire général, accompagné de M. de Marillac intendant du Poitou. Ce fut l'occasion de nombreux retours. L'évêque touché de ce résultat, envoya des missionnaires pour l'instruction des nouveaux néophytes. L'année suivante 1682, deux pères Capucins donnèrent à Rouillé une grande mission, couronnée d'un plein succès. Ce qui, également à cette époque, détermina beaucoup de protestants à revenir au catholicisme, ce fut l'éclatante conversion de leur ministre le plus instruit et le plus célèbre, Cotiby, qui fit abjuration dans la cathédrale de Poitiers entre les mains de l'évêque en présence de 10.000 personnes[3].

De fait, de 1680 février, à février 1681, il y eut à Rouillé 546 conversions. Tous les noms se trouvent au « Rôle des nouveaux convertis[4] » et dans nos registres paroissiaux. Jusqu'en 1685, date de la révocation de l'Edit de Nantes, le chiffre augmente, et en 1687 il atteint

1. -- Archives de la Vienne, c. 49.
2. -- Registre du consistoire de Lusignan, 1681.
3. -- *Histoire du Poitou*, de Thibaudeau, p. 464.
4. — Livre de la bibliothèque de la ville de Poitiers.

845. Tel était l'état religieux d'alors de la paroisse : sur 1800 habitants, 1143 catholiques et 657 protestants.

L'abjuration avait lieu ordinairement devant plusieurs témoins ; Gédéon Moysen de l'Augerie, signe souvent ces actes. Voici la formule récitée par le postulant, et que j'ai copiée textuellement :

Nous' soussigné Jacques Moquillon, je certifie à qui il appartiendra avoir confessé et professé publiquement en face de l'Eglise catholique, apostolique et romaine, dans laquelle je veux vivre et mourir ; c'est pourquoi j'ai soussigné ma profession de foi en présence de M. le curé, de M. de Bois-grollier, de M. de l'Augerie, et les autres qui ont signé. Jacques Moquillon, Jean l'Evêque, Gédéon Moysen, Chaineau, Moreau [1].

Voici maintenant une autre profession de foi plus complète ; je transcris textuellement :

En présence de Dieu et par la sainte grâce, je renonce de tout mon cœur à l'hérésie de la religion prétendue réformée et à toutes autres hérésies, que j'abhorre et déteste autant qu'il m'est possible et déclare que j'embrasse aujourd'hui la foi de l'Eglise catholique, apostolique et romaine de laquelle je veux faire profession toute ma vie et croire fermement ce qu'elle croit. Je reçois tous les livres de la Sainte Ecriture et les traditions' apostoliques qu'elle reçoit. Je crois tout ce qui est contenu dans le symbole des apôtres et dans les conciles généraux approuvés par le Saint Siège pour opposer aux mensonges de l'hérésie la créance de la religion catholique. Je crois expressément que le Saint Sacrifice de la messe est maintenant offert tous les jours pour les vivants et pour les morts. Je crois la transubstantiation, à la réelle présence de tout Jésus-Christ sous chacune des deux espèces, dont l'une est suffisante aux personnes laïques. Je crois qu'il y a 7 sacrements qui tous confèrent la grâce de Jésus-Christ aux fidèles bien disposés. Le Baptême sans presche (sic), la Confirmation, l'Eucharistie, la Pénitence et

1. — Registre paroissiaux, Juin 1714.

confession sacramentale, l'Ordre, le Mariage et l'Extrême-Onction. Je crois aussi la primauté de Saint Pierre et des Papes ses successeurs, les indulgences, la justification par les œuvres jointes à la foi, le mérite et la nécessité des bonnes œuvres ; la possibilité de garder les commandements de Dieu et de l'Eglise avec l'aide de Dieu et le secours de sa grâce, le franc arbitre, le purgatoire, la prière pour les morts, l'invocation des saints, l'honneur des reliques et des images. J'admets le célibat des prêtres, les vœux religieux, l'abstinence des viandes, les fêtes aux jours ordonnés par l'Eglise. Je promets obéissance à tous les commandements de Dieu et de son Eglise, de laquelle je veux être membre vivant pour participer au salut que Jésus-Christ nous a obtenu. C'est en cette foy que je veux vivre et mourir, moyennant la grâce de Dieu. Ainsi je promets et je jure sur l'Evangile, ainsi Dieu me vienne en aide [1].

12 décembre 1701.

Ces conversions avaient le don d'exciter la haine des pasteurs. Nous avons pu lire en effet un sermon d'un ministre de 1680 à 1700. Il réédite toutes les stupidités débitées alors contre la religion catholique, il l'appelle la « maison abominable de Caïphe, le temple des idoles, impureté d'une religion, feux impurs qui consument tous ceux qui en approchent » etc., etc. Puis il s'étonne que dans le grand peuple, personne n'ait voulu donner sa vie pour l'honneur de sa religion » (sic)[2]. Cette parole si affirmative amoindrit singulièrement, toutes ces histoires de persécutions plus ou moins aménagées pour la défense d'un parti.

Le nombre des fugitifs, à la Révocation, fut très restreint si l'on en juge par « les baux de régie de biens » et par la diminution à peine sensible d'habitants. De Rouillé, nous avons trouvé, Charles de Gourjault dont nous parlerons plus loin, et qui joua dans toutes les luttes religieuses un rôle néfaste, Jean Gareaud de

1. — *Archives de la Vienne. C.* 54.
2. — *Archives de la Vienne,* C. 54.

Souillaud, Pierre Thomas de Souillaud, Thomas... et
Jonas Macouin, François Belin, Pierre Couché, seigneur
de la Charantonnière, refugié en Prusse, en 1688, Moysen
de la Roche-L'Augerie, avec sa femme et Bobin son
beau-père, en Hollande, en 1685, Pierre Aumonier[1].
Quand on sait, d'autre part, toute la pression employée
par Charles de Gourjault, non seulement ici mais dans
tous les environs, jusqu'à Saint-Maixent, pour amener
avec lui les ouvriers du pays, on est obligé de convenir,
en lisant ces quelques noms, que le mouvement fut loin
d'être général.

Le fermage de leurs biens, en principe, revenait à
l'Etat. Mais en réalité ils rentraient en possession de
toutes leurs propriétés, s'ils se convertissaient ; dans le
cas contraire elles étaient remises à des parents ou héritiers catholiques. Sur la gestion de ces biens dont on
a tant parlé, un archiviste très distingué affirme, que
pour le Poitou il est difficile de faire pleine lumière,
beaucoup de pièces ayant disparu, soit en 1790, soit par
incurie ou autrement. D'autres part, il est certain que
ces biens n'eurent point l'importance, que d'aucuns ont
voulu leur attribuer. Le directeur des biens des fugitifs
du Poitou, était un sieur Chichet, qui vint ici en 1714,
avec le maire de Lusignan ; ni le maire, ni le curé de
Rouillé n'avaient voulu accepter de l'accompagner. (Registres de la paroisse de 1714).

La diminution du chiffre d'habitants fut, disions-nous,
assez minime. Nous avons en effet une visite canonique
de 1728, elle atteste à peu près 2.000 habitants[2].
D'ailleurs l'état civil catholique de 1721, atteste cette
population avec 62 baptêmes, 22 mariages, 33 sépultures.

Les dragons envoyés par de Marillac, malgré l'inter-
vention épiscopale, qui s'y refusait entièrement, firent
une apparition en 1681, chez les de Gourjault, seigneurs
de Venours et chez René Rabaut, seigneur de Lanson-

1. — *Archives de la Vienne* « Baux de Régie des biens de fugitifs »
C. 54, et Registres paroissiaux.
2. — *Archives de la Vienne*, G. 9, 138.

nière [1]. En 1694, ils s'installent chez un sieur Philipponeau pour lequel Messire Fillaud, curé, demande une indemnité pour les dommages qu'ils ont occasionnés. Nous les avons encore en 1698, où ils furent logés chez tous les habitants sans aucune distinction. Les registres paroissiaux mentionnent l'enterrement d'un dragon du roi, le 26 août 1698. Ils traversèrent encore le Poitou, en 1720, recherchant les prédicateurs hérétiques.

Comme tous, nous condamnons ces missionnaires envoyés par Louis XIV, qui, sans doute, furent peu nombreux chez nous, mais dont toutes les malversations furent une crime politique, que l'autorité religieuse essaya d'enrayer le plus qu'elle put, et nous faisons nôtre, la lettre d'Innocent XI à Louis XIV à ce sujet : « L'Eglise a horreur du sang ; les missions à main armée ne valent rien. Que cette méthode nouvelle est détestable, puisque le Christ ne s'en est pas servi pour convertir le monde ! [2] » D'ailleurs un auteur très compétent affirme que seulement dans cette région qui a pour points extrêmes Lusignan, Saint-Maixent, Niort et Melle, les dragons furent envoyés, et qu'il n'y eut réellement qu'un petit nombre de soldats affectés à cette triste besogne [3].

§ VI

Le Culte catholique au moment de la Révocation de l'Edit de Nantes.

Les curés qui, durant tout ce xviie siècle, se succédèrent à Rouillé, mirent tout leur dévouement sacerdotal à soutenir les droits de Dieu et de l'Eglise.

Le premier, *René Desnos* (1628-1659), réorganisa la

1. — Papiers de la Famille Rabault, communiqués par M. Richard, archiviste de la Vienne.
2. — Rancke, protestant, *Hist. de la Papauté* t. III. p. 169.
3. — *Poésies de Jean Babue*, par M. Alfred Richard, archiviste de la Vienne. p. 34.

paroisse, au lendemain des guerres de religion. Les premiers registres, que nous avons, sont signés de lui. A son arrivée, le culte se faisait dans une chapelle du cimetière, notre église ayant été mise à sac par les bandes protestantes. Celle-ci, vers 1644, paraît à peu près aménagée, car Messire Desnos achète alors un nouveau tabernacle pour 20 livres 5 sols, et en 1650, du 30 juillet au 2 août, il fait fondre une cloche à Rouillé même.

En 1653, il eut un procès avec le chapitre de Saint-Hilaire, au sujet de la dîme, mais, après ses explications, il fut acquitté.

1659-1674, messire *Gabriel Thibault*, curé-recteur; en 1660, il a, comme vicaire, l'abbé *Gireuze*. Ce prêtre, d'un tempérament très vif, soutint vaillemment la lutte au milieu des difficultés protestantes. Nous avons trouvé, dans les papiers de la famille de Gourjault, une de ses lettres où il demande à l'autorité judiciaire de l'aider dans sa tâche, et ceci dans des termes qui ne respirent nullement la crainte. Il eut quelques ennuis avec le Chapitre, mais il soutint surtout un procès retentissant avec les seigneurs de Venours, qui, protestants acharnés, lui suscitèrent toutes sortes d'embarras, refusant de payer leurs impôts et encourageant tous leurs fermiers à les imiter. Ce procès, jugé d'abord devant les juges de Lusignan, qui se déclarèrent incompétents, alla jusqu'en cour de Paris, 1660. Messire Thibault avait demandé au Chapitre l'autorisation de poursuivre, car, disait-il, « il y va des intérêts de l'Eglise catholique, apostolique et romaine ». Pendant ce voyage, il fut remplacé par M. le curé d'Enjambes [1]. Ce prêtre apporta au culte catholique un lustre qu'il n'avait plus depuis longtemps. Les messes, les dimanches, étaient chantées et les enfants de chœur chantaient les psaumes en latin [2].

1674, l'abbé *Adam*, vicaire, fait l'intérim quelques mois. Puis vient messire *Jean Thomas*, curé (1674-1680).

1. — Ancienne paroisse de Lusignan dont l'église était placée près de la Gare.
2. — *Archives de la Vienne*. G. 950.

Ce jeune prêtre, mort à 37 ans, assiste aux premières conversions du calvinisme. Sa pierre tombale, placée devant la chapelle de la Sainte Vierge, est encore parfaitement conservée avec toutes les inscriptions. Son acte de sépulture porte qu'il a été inhumé au pied du grand autel.

1680 17 mars à 1681 janvier, le vicaire *Girault* fait le service.

1681-1692, messire *Nicolas Pillaud.* Sous son administration, la paroisse se transforme, les abjurations se multiplient, ainsi que nous l'avons déjà dit. Le culte se célèbre avec plus d'éclat, et le 15 juillet 1685, à lieu la bénédiction solennelle d'une nouvelle cloche. Ce sont messire Lévêque, seigneur de Boisgrollier et une demoiselle Lévêque qui sont parrain et marraine. En 1688, selon une visite canonique faite à cette date, [1] les revenus de la cure étaient de 600 livres, dont 300 pour le vicaire perpétuel. Cette même année, le curé écrit au Chapitre une longue lettre où il se plaint de ne plus avoir de vicaire, « bien que la paroisse ait plus de 1600 nouveaux convertis, et d'anciens catholiques ». Il ajoute que par charité pour les nouveaux convertis, il ne fait plus payer ni mariages, ni enterrements. Il ajoute que sur 500 livres, que rapporte la cure, il doit verser 30 livres de dîme [2].

Ce prêtre était parmi nous quand l'édit de Nantes fut révoqué. Ce fut donc lui qui reçut les abjurations des nombreux protestants qui, de 1680 à 1687, revinrent à l'unité catholique. Ce fut lui également, sans doute, qui reçut Fénelon. Lorsque ce grand archevêque organisa ses missions en Poitou, Il ne dut pas oublier notre petit pays. Il s'arrêta chez nous très probablement, nous avons trouvé des traces de son passage à Saint-Sauvant, où il prêcha plusieurs fois [3].

---

1. — Bibliothèque municipale de Poitiers.
2. — *Archives de la Vienne*, G. 950.
3. -- *Archives nationales.*

CHAPITRE VIII

Le dix-huitième siècle

§ I

Le culte protestant

Après la Révocation, les conversions plus ou moins sincères avaient beaucoup affaibli le parti protestant. Les pasteurs avaient fui, et, imitant les Seigneurs, avaient émigré à l'étranger.

Ils sont remplacés par les prédicants qui souvent traversent Rouillé ; en 1718-19, ce sont Bureau et Sunet. Un autre prédicant qui certainement dut faire des réunions ici, fut Pierre Pothet, qui, selon le *Journal de Migault*, était originaire des environs de Lusignan, très probablement de Rouillé ; il prêcha jusqu'en 1720, pendant 22 ans [1].

Il en fut de même de Jacques Gabard, natif de Rouillé, fils d'un père catholique et d'une mère protestante ; il prêcha 7 ou 8 ans et se retira en Angleterre (1732).

C'est l'époque du désert. Les réunions se font en plein air, dans les bois, dans les fermes. Ainsi le célèbre prédicant Berthelot, prêche aux environs de Rouillé, dans une grange pour la fête de Pâques 1718. En 1719 deux compagnies de dragons, mandées par l'intendant de Chamilly, firent irruption dans le Poitou ; elles passèrent sans s'arrêter, recherchant les prédicants. Ces soldats furent logés, en effet, chez les habitants, sans distinction de cultes. Messire le Conte, alors curé, déclare qu'ils ne

---

1. -- *Bulletin du protestantisme français*, année 1894, p. 127. Ce Pothet est probablement celui qui prêchait dans la grange de la Chaplatière, quand se passa l'incident que nous avons raconté plus haut.

vinrent point à Rouillé. Il en fut de même en 1749, date des dernières persécutions et des dernières dragonnades.

Malgré tous ces obstacles, les huguenots avaient toujours leurs réunions, mais pour se reconnaître, surtout lorqu'ils faisaient la Cène, chacun devait remettre le méreau.

Le méreau était une sorte de médaille donnée par l'ancien du quartier à ses fidèles. Chaque centre protestant avait son méreau propre. Celui de Lusignan servait également pour Rouillé. Un exemplaire a été déposé par M. Maillart, ancien pasteur, à la bibliothèque de l'histoire du protestantisme, à Paris. Il porte d'un côté Lusignan, et au revers la date de 1752 ou 1762[1].

Nous avons trouvé, en effet, dressée par Gounon, pasteur, 1744, une disposition du territoire de Rouillé pour le culte protestant. Il relevait toujours de Lusignan, puis tous les villages étaient ramenés à quatre quartiers, celui du Grand-Breuil, de l'Epine, celui des Chaumes, le plus important, celui de Souillaud. A la tête de chaque quartier était un ancien, chargé de distribuer les méreaux, les jours de Cène, et de percevoir les honoraires. Le nom du quartier était celui de la résidence de l'ancien[2].

Les curés de Rouillé n'eurent point recours à la violence, comme nous l'avons déjà fait remarquer plusieurs fois. C'est ainsi qu'en 1700, la femme de Pierre Moreau, sacristain, se convertit et fit ses Pâques. Il en est de même de Jacques Renoux, fermier du chapître de Saint-Hilaire. Ces deux nouveaux catholiques, depuis longtemps, dépendaient de l'autorité religieuse, sans jamais pourtant avoir été inquiétés.

En 1736, les pasteurs Chapel, Michel, Viala, Loire, et vers 1741, Gounon, sillonnent tout le Poitou, rétablissant un peu partout les anciens centres du protestantisme. Ce culte se relève çà et là sous l'œil bienveillant

1. — *Bulletin de la société d'hist. du protest.* t. 1. p. 343.
2. — id. Juillet et Août 1909.

des autorités. Il restera libre et indépendant j'usqu'à la Révolution qui le reconnaîtra officiellement.

Puis, en 1802, dans les articles organiques du Concordat, Napoléon Iᵉʳ lui imposera un règlement administratif.

Dans la biographie des curés qui suit, nous verrons les différentes statistiques de protestants et catholiques dans la paroisse pendant tout ce xviiiᵉ siècle. Beaucoup de conversions, en effet, faites sous l'empire de la crainte avaient été peu sincères.

§ II

Le culte catholique. — Misères et mortalité au XVIIIᵉ siècle. — Incendie de l'église.

Ce xviiiᵉ siècle, s'il ne connut point les luttes religieuses des deux siècles précédents, fut pourtant bien assombri par les misères de toutes sortes. La famine, les pestes, les impôts écrasants, conséquence des grandes guerres de Louis XIV, apportèrent dans nos campagnes le malheur sous toutes ses formes.

La population baisse d'une manière effrayante. En 1728, elle était encore aux environs de deux mille, avec 62 baptêmes, 53 enterrements, 22 mariages catholiques, et en 1769, entre 1000 et 1200. Certaines années le chiffre des décès double celui des baptêmes.

Le culte catholique continue toujours, plein de vigueur, sous l'administration des nouveaux curés.

1692-1710, Messire *Thibeaudeau*, curé, l'abbé *Dassanne*, vicaire, puis l'abbé *Murgallet*. La population catholique s'étant beaucoup accrue, on décide tout d'abord de choisir un nouveau cimetière, celui qui entourait l'église était devenu trop petit. Le chapitre de Saint Hilaire choisit le champ du Poteau, notre cimetière actuel et le premier acte de sépulture est de 1694 [1].

---

1. — *Archives de l'abbaye de Saint Hilaire.*

Un fait à noter, et qui démontre tout le zèle de ce prêtre, tous les actes de décès attestent, que les défunts ont reçu les derniers sacrements. Dans une lettre à son évêque, datée de 1700, il indiquait le chiffre et les noms de ceux qui cette année ont fait leurs Pâques. Il y comptait 128 nouveaux convertis, et parmi eux toute la famille des Moysen de l'Augerie [1]. A cette époque de calamités, il s'occupait également des intérêts matériels de ses paroissiens. J'ai trouvé, en effet, dans ses registres un état de ceux qui ont eu à souffrir des soldats de la milice, et il demande qu'ils soient dédommagés [2].

1710-1714, Messire *Chicard*, curé; il fonde à l'église, la chapelle des Chicard ou des « cinq Playes ».

1714-1729 Messire *Le Conte*, curé. Sous son administration, il y eut encore plusieurs abjurations. Quelques-unes sont particulièrement solennelles, telle celle d'Angélique Bernard, qui eut lieu à la grand'messe de la fête de Saint Pierre et Saint Paul, 29 Juin 1717; 14 personnes en ont signé l'acte.

En 1717, abbé *Venault*, vicaire. En 1724, *Amand*, vicaire. En 1728, *Marchand*, vicaire. En marge des actes, on lit souvent, enterrement gratuit. Ce prêtre fut, en effet, aussi zélé que charitable. Dans son ministère nous avons recueilli un bel exemple de soumission à l'Eglise. Le concile de Latran, en effet, avait prescrit de ne point donner la sépulture religieuse, à ceux qui mouraient subitement et n'avaient point fait leurs Pâques. Or, en 1721, meurt sur la paroisse d'une façon subite, une femme de Jazeneuil, Marie Guérin. M. le curé demande alors à M. le curé de Jazeneuil, un certificat attestant qu'elle a accompli son devoir pascal ; celui-ci ayant été obtenu, les obsèques furent célébrées.

En 1728, par ordre de Louis XV, chaque paroisse dut faire la déclaration de ses revenus, voici le relevé de la cure de Rouillé :

1. — *Archives de la Vienne*, C. 54.
2. — Les soldats de la milice étaient des troupes de paysans et de bourgeois levées çà et là, et qui rejoignaient les armées de Louis XIV. Par leurs excès ils étaient redoutés dans les campagnes.

Archiprêté d'Exoudun,

Revenus de l'église de Rouillé, au moment de la succession de Messire Dorvault, vicaire de Vendeuvre, nommé curé de Rouillé à la place de Messire Mathieu Le Conte.

Il lève la dîme avec les Messieurs de Saint-Hilaire dans certains villages, le tiers à Poutort, le tout à l'Epine, Bois d'Augère, au bourg, à la Virlaine : Trois cents boisseaux de blé, seigle, baillarge, orge, (mesure de Lusignan) le boisseau de Lusignan vaut 50 sols, il faut 8 mesures pour faire le boisseau. — 12 barriques de vin de folle. — 33 boisselées de terre labourable avec un pré, mesure de Lusignan, placées à Saugoux, produisant 24 boisseaux de seigle et 18 boisseaux d'avoine, un autre pré, proche le cimetière, 6 boisseaux de seigle du chapitre, 4 boisseaux de froment, 2 chapons, 2 poulets de Lamberton du Petit-Breuil. — Deux chapelles, l'une des Chicard, une messe par semaine, l'autre, fondée par Cordilleau, un boisseau de seigle de Boisgrollier, 3 boisseaux de la Grée et quelques autres mesures de seigle d'ailleurs. — Une maison touchant à l'église, le presbytère avec une cour dehors et une dedans, et un jardin environné de murs proche l'église et le cimetière ; de plus, une pension chargée de 250 livres, plus 60 livres de décimes ; puis un vicaire, sans aucun aide des décimateurs, parce qu'un curé ne peut pas faire le tout, à cause des distances, plus de 2 lieues. — Aussi plus de 2.000 habitants, tous nouveaux convertis. — Puis des réparations à faire au logis qui est en cailloux et non en pierres et couvert d'ardoises. — Il n'y a pas de casuel, en raison du grand nombre de nouveaux convertis[1].

9 novembre 1728.

1729-1753, messire *Dorvault*, curé. [Au mariage Baulais-Vierfond (1739), 26 signatures en bas de l'acte. Donc, ne criez pas à l'ignorance sous l'ancien régime. 1753, *Gerbier*, vicaire. Le 7 mars 1750, après avoir pris l'avis

1. -- *Archives de la Vienne*, Cures. (1728).

des catholiques de la paroisse, il écrivait au Chapitre, sollicitant différentes réparations pour l'église dont la charpente s'était rompue dans un endroit. Les murs du cimetière touchant à l'église s'étaient écroulés. Un gros mur de la cure attenant à l'église a besoin d'être refait, depuis le bas jusqu'au pignon, du côté du cimetière. Les seigneurs de l'Augerie d'abord opposés, payèrent ensuite avec les Lévesque de Boisgrollier, tout ce qui fut fait à l'église, 300 livres. Quand le délégué du Chapitre vint à Rouillé pour constater l'état du cimetière, il ordonna de sonner la cloche selon la coutume, pour assembler les paroissiens, puis il leur demanda leur avis. Ceux-ci déclarèrent qu'ils voulaient garder ce vieux cimetière, où dormaient leurs ancêtres, et il se chargèrent d'en relever les murs. Ce qui fut mis à exécution immédiatement.

Voici l'état de tout ce qu'on fit à l'église :

« Le tabernacle peint, doré ; ciboire, custode dorés à l'intérieur ; une nouvelle lampe de cuivre devant le grand autel pour les fêtes et dimanches [1], six chandeliers neufs avec une croix neuve, une balustrade pour communion, retenue par des pattes de fer ; les burettes furent changées, ainsi que leur bassin ; deux nappes de communion, un pupitre de missel ; un chandelier triangulaire, une chape de toutes couleurs pour bénédictions, une aube, six amicts, une croix processionnelle en cuivre ; le bénitier portatif sera nettoyé ; l'aspersoir sera changé pour un neuf ; une lanterne pour accompagner le Saint-Sacrement, un pupitre pour les livres des chantres, une armoire pour enfermer les livres, charnières ; le tout 280 livres.

Tout le pavé du sanctuaire sera en entier relevé, et mis de niveau ; crépissage, enduits refaits pour qu'il ne reste aucune trace de moellons, ni vert de gris apparents ; les vitraux réparés, le tout, 250 livres ; réparer les murs exté-

1. — Ce qui laisserait croire que l'on ne conservait pas le Saint-Sacrement toute la semaine, par crainte de profanation.

rieurs, pilliers, après que quelques arbrisseaux auront été arrachés.

Pour la charpente, l'épaisseur du bois à employer y est mentionnée. Un millier de tuiles plates, 160 livres[1].

Toutes ces réparations furent exécutées, et l'église parut toute rayonnante d'une nouvelle jeunesse.

1753, *Bruslon*, curé ; il n'y reste qu'une année.

1754-1775, *Valentin*, curé, *Vandier*, vicaire. Le 27 mars 1754, Messire Venault, curé de Lusignan, vint faire sa visite canonique à Rouillé. Il indiqua alors par une lettre au Chapitre, les réparations que doivent faire les seigneurs décimateurs de la paroisse, et les noms de ceux qui sont mal disposés à cette charge.

Cette requête malheureusement était peu nécessaire, car en janvier 1757, un violent incendie, allumé on ne sait comment, se déclare à l'église et presque tout périt dans les flammes. Les cérémonies se célébrèrent dans la grange dîmière en attendant les réparations. Le devis en fut dressé et donné en adjudication à Jean de Villars et Antoine Pairault pour 2.590 livres. Par ordonnance du roi Louis XV, 2 février 1757, cette somme fut imposée aux habitants en proportion des impôts, sans aucune exception[2]. L'on se met de suite à l'œuvre.

Le chiffre de la population a diminué dans une proportion terrifiante durant ces quelques trente ans. Chaque année, le chiffre des décès est de beaucoup supérieur à celui des baptêmes. De 2.000 habitants en 1720 nous sommes arrivés à 1.000 en 1769, d'après une visite faite par une commission épiscopale et dont le procès-verbal suit :

La paroisse de Saint-Hilaire de Rouillé, située sur la grand'route de la Rochelle à 6 lieues de Poitiers, est composée de 230 communiants. Il y a entre 1.000 et 1.200 habitants, le plus grand nombre est calviniste. L'église a besoin de quelques réparations qui ne sont pas urgentes ;

1. — *Archives de la Vienne*. G. 953.
2. -- *Archives de la Vienne*. C. 26.

elle est fournie des ornements nécessaires, d'un calice, d'un soleil, d'un ciboire, d'une custode qui ne sont pas dorés à l'intérieur de la coupe.

Le chapitre de Saint-Hilaire est seigneur de la paroisse et principal décimateur. M. le commandant de Saint-Rémy [1] et M. le Curé en lèvent une modique portion. Il n'y a aucun revenu de fabrique. Il a été fondé en la dite église, la chapelle de Notre-Dame à la nomination de l'Augerie dont est pourvu M. Vandier, qui est chargée d'une messe par mois et vaut 80 et quelques livres ; la chapelle de Sainte-Cathérine de Nivard, dont est pourvu M. Joyeux, curé de Notre-Dame de Lusignan est à la nomination de la famille des Nivard et est fondée d'une messe par semaine et vaut environ 60 livres. Est annexée à la cure, la chapelle des Jouslin qui est fondée de deux messes par semaine. Le revenu de cette fondation est de 12 livres. Il n'y a pas d'autres fondations à la cure.

La cure est à la nomination du chapitre de Saint-Hilaire. M. Joseph Valentin, curé de cette paroisse depuis 15 ans, prétend qu'elle ne vaut que 570 livres [2].

Cette même année 1769, survint un petit incident qui nous montre que ces Messieurs de Saint-Hilaire avaient un rang quasi épiscopal. Un dimanche matin que le curé causait avec ses paroissiens à l'heure de la grand'-messe, deux chanoines du Chapitre entrèrent à l'église. M. Valentin étant toujours occupé, ce fut le sacristain qui leur présenta l'encens et le goupillon. Le dimanche suivant deux chanoines, Vandier et de Bonneral se trouvent dans le chœur à la messe et aux vêpres pour recevoir l'eau bénite par la présentation du goupillon et l'encens ensuite. Ce qui fut fait, néanmoins M. Valentin fut blamé de son oubli [3].

M. Valentin en 1775 fut nommé chanoine de la collé-

1. -- Commanderie de Celle-L'Evescault.
2. -- Manuscrit, Bibliothèque de la ville de Poitiers, (383, C. 192).
3. -- Archives de la Vienne, G. 953.

giale de Menigoute, et pendant la Révolution il prêta tous les serments et fut curé intrus à Sanxay [1].

1775, 10 août, M. *de la Croix*, curé.

1776, 24 janvier, M. *Brunet*, curé qui y restera jusqu'en 1803. La population augmente un peu, en 1782 l'on compte 21 baptêmes et le Pouillé du diocèse de cette année atteste 500 communiants. En 1787, enterrement de Pierre Renoux, maître d'école « chargé d'enseigner les pauvres ». Son fils, Pierre également, lui succède dans cette fonction.

Jusqu'en 1791, les registres sont parfaitement tenus par M. Brunet.

En 1792, la tenue de l'état civil passe à la mairie, et le premier qui le rédige est M. Poinet. Nous raconterons plus loin toute la part active, prise par M. Brunet à la Révolution dans la paroisse.

———

1. -- Archives de l'Evêché de Poitiers.

CHAPITRE IX

L'Ancien Régime

Avant d'aborder ce bouleversement, cette transformation radicale, la Révolution de 1789, il est bon de jeter un coup d'œil, au point de vue particulier de notre petit pays de Rouillé, sur les institutions de cet ancien régime, tant décriées parce que peu connues.

§ I

Les Impôts

Lorsque l'intendant des Finances avait dressé tous les chapitres des impôts, il expédiait le montant de chaque imposition aux collecteurs des paroisses.

Les collecteurs, dont le nombre variait selon l'étendue du territoire, étaient ordinairement des paysans, chargés de recueillir toutes les contributions. Ils étaient 8 pour Rouillé, en 1780 : Pierre Pérochon, pour la partie du Grand-Breuil ; Chagneau, partie de Saugoux ; Jollet, partie de Poutort ; Autain, partie de Venours ; Pothet, partie de La Baillerie ; Funé, partie de l'Epine ;..... partie de Boisgrollier ;..... pour le bourg.

Les impôts étaient la taille, la capitation, les aides, la gabelle, les vingtièmes. La gabelle était l'impôt sur le transport du sel, tout le Poitou en était exempt[1]. Les aides étaient les taxes perçues sur la circulation des blés, des vins et du bois. La capitation était un impôt qui frappait les personnes, elle correspondait à la cote personnelle actuelle. La taille correspondait à peu près à notre impôt foncier.

Tous les habitants payaient ces impôts, hormis la taille dont étaient exempts les seigneurs. C'est ainsi que

1. -- Thibaudeau. *Hist. du Poitou.* p. 23.

M. Brunet, curé de Rouillé, en 1780 est taxé « onze sols pour un morceau de vigne ».

Les impôts étaient-ils lourds ? Les années où les récoltes étaient mauvaises, oui, autrement non. Qu'on en juge.

En 1780, d'après les rôles dressés par M. de la Bourdonnaye pour Rouillé, voici les sommes qui ont été payées .

La taille	10.507 livres 13 sols
La capitation	9.610 livres
En 1789 :	
La taille	7.329 livres
La capitation	4.109 livres
La corvée	1.150 livres[1].

Le cahier de doléances de la paroisse, en 1789, déclare qu'on y paye en impositions, 13.268 livres 19 sols et en corvée 1.212 livres.

En 1911, Rouillé a payé 43.904 fr. 31 d'impôts.

Faisons la différence ; sans doute le progrès a nécessité bien des dépenses nouvelles, mais tout de même.....

D'après le registre des vingtièmes de 1780[2], l'on comptait dans la paroisse 513 propriétaires. Seuls, en effet, les propriétaires payaient cet impôt. Les avons-nous maintenant ? Ce vieux temps avait encore du bon.

Ces Messieurs de Saint-Hilaire, les seigneurs de Venours, l'Augerie, Boisgrollier devaient, en temps de guerre, équiper et entretenir les soldats demandés par le roi. Si en retour, ils exigeaient des paysans, certains jours de corvée pour les routes et pour l'entretien de leurs châteaux, c'était pour le bien public. L'habitant des campagnes s'y soumettait volontiers, car le vieux château, avec ses fossés et ses hautes murailles, lui servait d'abri, contre les brigands et les envahisseurs, si fréquents à cette époque. D'ailleurs n'est-ce pas un fait historique, que les agglomérations ont toujours commencé à l'ombre protectrice d'un château.

---

1. -- Registre de 1791.
2 -- *Archives de la Vienne* C. 840.

6

Le clergé devait entretenir les édifices du culte, les hospices, les maladreries,les écoles gratuites. A Rouillé, d'après les *Annales de la Collégiale de Saint-Hilaire*[1]. il y eut, de tout temps, une école dont les curés furent primitivement les directeurs et qui ensuite fut confiée à des maîtres spéciaux. Le dernier instituteur, avant la Révotion, était, en 1717,comme nous l'avons déjà mentionné, Pierre Renoux.

Il ne faut pas non plus regarder, comme dénué de toutes ressources au point de vue économique et alimentaire, notre bourg avant la Révolution. Tous les corps de métiers s'y trouvaient : épicier, mercier, boulanger, maître apothicaire (médecin), cordonnier, etc. etc. [2].

§ II

La dîme

Sans vouloir m'arrêter à réfuter tout ce qu'on a dit d'absurde sur cet impôt, — je n'en ai point le loisir et ne cherche point ce but, — j'indiquerai comment elle était recueillie à Rouillé, et l'on jugera.

Tout d'abord qu'est-ce que la dîme ? C'était le droit de prélever sur certains produits agricoles,et non sur tous, une portion qui était rarement le dixième, mais le plus souvent le douzième ou le vingtième. A Rouillé, elle était partie du douzième, partie du vingt-quatrième sur le blé et le vin ; rien n'était pris sur les bois, prés, vergers [3]. Ce revenu était employé au service de la paroisse, tenue d'école gratuite, assistance aux indigents, le clergé était le seul soutien de toutes ces œuvres.

Etablie depuis des siècles, la dîme ne coûtait rien au contribuable, elle était une charge pour la terre, non pour le propriétaire jouissant, ou pour le fermier exploitant ; ceux-ci, en effet, n'avaient loué ou acheté, que dé-

1. -- De Longuemar, *Collégiale de Saint-Hilaire.*

2. -- *Livre-journal des dépenses de la famille Moysen, Archives de la Vienne*, E. nouveau 606.

3. -- *Archives de la Vienne.* G. 949 et G. 952.

falcation faite de cette charge. D'ailleurs, aux années de disette, elle était ou diminuée ou supprimée.

Le jour où la Révolution abolit cette charge, rivée en quelque manière au sol, elle accorda un cadeau gratuit au propriétaire, et plus celui-ci possédait, plus il recevait. De sorte que ce ne fut point le paysan et l'ouvrier qui bénéficièrent de la suppression de la dîme, mais le bourgeois aisé de la Révolution. Elle fut supprimée par l'Assemblée nationale dans sa réunion du 1er octobre 1789. La déclaration stipule : art. 5. Les dîmes et autres droits sont supprimés, mais on devra subvenir d'une autre manière à la dépense du culte divin, à l'entretien des ministres des autels, à la réparation et construction des églises, presbytères et séminaires.....

Il y avait deux espèces de dîme ; la petite dîme, qui consistait en l'oblation volontaire des premiers fruits, et la dîme considérée comme impôt atteignant uniquement le blé et le vin.

A Rouillé, les chanoines de Saint-Hilaire étaient les seuls décimateurs généraux, ainsi que le prouvent les nombreux arrêts du Parlement, dans leurs procès avec les seigneurs de Venours [1]. Dans leurs prix de louage avec leurs fermiers, les chanoines stipulaient les dîmes qui devaient être versées, et, en conséquence, le montant du fermage était baissé d'autant. Ainsi, en 1740, un sieur Tribert afferme au Chapitre leurs propriétés du bourg, pour 1.200 livres et il donnera en plus 1/12 du blé et du vin.

Les seigneurs de l'Augerie, de Venours, de Boisgrol_lier payaient eux-mêmes pour leurs fermiers. J'ai trouvé un bail à ferme, signé René Perrin, chanoine de Saint-Hilaire, du 24 Mars 1635, reçu par Chollet, notaire, pour 3 années de dîmes et terrages des « tènements » de l'Augerie, Venours et Boisgrollier, pour payer 85 setiers de blé (à peu près 182 hectolitres). En 1655, l'arrêt rendu par le Parlement, lors d'un célèbre procès entre les sei-

---

1. -- *Archives de la Vienne.* G. 951.

gneurs de Venours et le Chapitre, déclare que les dîmes payées par toutes les propriétés dépendant du château, sont estimées 400 livres (500 fr. à peu près) [1].

Or, ces trois seigneurs étaient propriétaires de la moitié de la paroisse au moins. Donc, la dîme n'était point si écrasante. En 1246, le seigneur Hugues du Bois-d'Augère, paie pour toutes ses dîmes et terrages, 20 sols de rente [2].

Dans les petits fiefs du Pinier, de la Virlaine qui comprenaient 9 villages, elle était à la vingt-quatrième partie. La Jarrilière ne payait rien comme relevant de la commanderie de Roche (commune de Cloué).

Veut-on savoir maintenant qu'elle était la dîme due par tous les fermiers de Saint-Hilaire ? La réponse est tirée d'une pièce officielle, l'acte de vente de ces biens au district de Lusignan, le 31 Mai 1791 [3]. Le Chapitre était propriétaire de 8.208 boisselées de terre « dont 6.700 sont à la dîme, desquelles 6.700, 3.170 sont ensemencées 2 années sur 3, et par conséquent ne paient que 2 années sur 3 ; 181, en vigne, paient au douzième, le surplus 3.349, ne paient rien jusqu'à ce qu'elles soient défrichées, elles sont en brandes, prés, bois, friches ; 649 boisselées au douzième des gros fruits ; quant au 850 autres boisselées, elles ne sont astreintes à aucune dîme pour le Chapitre ».

Loin de la trouver onéreuse, les habitants s'y soumettaient très volontiers, car ils en déterminaient eux-mêmes le montant selon un usage maintes fois séculaire. C'est ainsi qu'un arrêt du roi Louis XIV, onze septembre 1655, ordonne, que les dîmes seront levées sur le Grand-Breuil et Venours « selon les habitudes de l'endroit par les habitants eux-mêmes qui fixeront » [4].

Le clergé ne tenait point du tout à la dîme, aussi, à l'Assemblée Constituante, il s'empressa lui-même d'y

---

1. -- *Archives de la Vienne*. G. 951.

2 -- Dom Fonteneau.

3. -- *Archives de la Vienne*, liasse 33. Vente des biens nationaux, à Rouillé.

4 -- *Archives de la Vienne*. G. 950.

renoncer. A Rouillé, le Chapitre eut procès sur procès
avec les seigneurs de Venours, l'Augerie, Boisgrollier,
les papiers de ces familles en sont pleins. Ils refusaient
de la verser, et frappaient les fermiers de Saint-Hilaire
lorsque ceux-ci se présentaient pour la percevoir.

Toutes les dîmes devaient être amenées à la grange
dîmière. Celle-ci était placée, dans le jardin occupé de
nos jours par M. Branger, charron, et limitrophe de
celui de la cure. La Révolution s'en empara comme
bien ecclésiastique, et la vendit à Tribert de Rouillé. En
1813, elle devint le temple protestant, et fut achetée par
le consistoire en 1815, lors de la construction du nouveau
temple elle fut démolie ; il ne reste plus maintenant, que
deux mètres de mur qui servent de clôture au jardin.
Cette grange remontait certainement à une très vieille
date ; l'épaisseur des murs construits, en moyen appareil, comme l'église, le démontre formellement [1].

Lorsque les blés, les vins provenant des dîmes étaient
rentrés, on les vendait à certains jours déterminés. De
là, la naissance des marchés et des foires à Rouillé, qui,
avant la Révolution, étaient très nombreux, et qui furent
rétablis en petit nombre ensuite, comme le prouvent les
registres des délibérations municipales.

§ III

La Justice

Aujourd'hui Rouillé relève de la justice de paix de
Lusignan et du tribunal de première instance de Poitiers, il n'en était point ainsi avant la Révolution.

Au IXe et Xe siècle, Rouillé fut le siège d'une viguerie,
dont le chapitre de Saint-Hilaire fût le seul représentant.
Les viguiers rendaient justice sur tous délits ou crimes [2].

Quand vint le régime féodal, les vigueries disparurent
et les attributions judiciaires passèrent aux seigneurs

1. -- Voir Chapitre XIX, § II, pour plus de détail sur cette grange.
2. -- *Cartulaire de Saint-Hilaire*, 1. 33.

féodaux. Il y eut donc autant de tribunaux, qu'il y avait de châteaux. Ceux-ci furent divisés en haute, moyenne et basse justice.

Haute justice, pouvant connaître tous les délits, les cas royaux exceptés ; moyenne justice pouvant condamner jusqu'à 60 sols ; basse justice, jusqu'à 7 sols 10 deniers.

Rouillé avait quatre hautes justices dépendant de la sénéchaussée de Lusignan ; le chapitre de Saint-Hilaire, l'Augerie, Venours, Boisgrollier. Le Chapitre et chaque seigneur avaient ses juges, sa prison, ses sergents. La justice était régie par « *la Coutume du Poitou* ». C'étaient les anciens usages du droit romain et des Francs, tout d'abord simplement écrits ou conservés par la tradition. Elle fut imprimée pour la première fois en 1416, et modifiée à Poitiers, lors de la réunion des trois Etats, le dimanche 15 octobre 1559[1].

La crédulité populaire, ou plutôt la haine de l'ancien régime a inventé toutes sortes de crimes, commis par les seigneurs de l'Augerie, je n'en ai trouvé la trace nulle part. Tout était réglé par la *Coutume du Poitou*. Voici ce qu'elle dit sur les prisons : « *avoir une bonne et sûre prison, bâtie au rez-de-chaussée, sans creux ni fossé en terre, sans user aussi de ceps et fers pour la détention des prisonniers.* »

Donc, adieu les oubliettes ou cachots de toutes sortes, dont la production au théâtre produit un tragique effet, mais qui n'appartiennent pas à l'histoire. Parfois, sans doute, certains seigneurs abusèrent de leurs pouvoirs,ce furent des exceptions sévèrement réprimées, soit au Parlement, soit à la réunion des Grands Jours.

Le Chapitre ne fit jamais exécuter une sentence capitale, il renvoyait les coupables devant le Parlement ; tel en 1654, le sieur François Ury, condamné à mort par le sénéchal de Rouillé, et mené à Paris par deux archers de la maréchaussée de Poitiers[2].

1. -- *Hist. du Poitou*, Thibaudeau, p. 278.
2. -- *Archives de la Vienne*, G. 949.

Les fermiers du Chapitre étaient chargés de surveiller les méthodes et les agissements de leurs juges. En 1102, celui de Rouillé s'adjugeait des droits arbitraires sur les hommes et les terres. Le Chapitre y mit un terme, en lui assignant 12 setiers de blé et 8 setiers de seigle, pour tous ses soins, et en lui faisant promettre de ne faire aucun prélèvement sur les gerbes et les grains [1].

Les habitants de Rouillé avaient si peu à se plaindre de ce mode de justice, que nous verrons un peu plus loin, dans le cahier des doléances de 1789, leurs insistances pour qu'on maintienne cet état de choses.

Le Chapitre avait également un notaire chargé de rédiger les baux, de procéder aux inventaires ; tous ces actes sont revêtus de leurs signatures. Au xviiie siècle il prit le titre de notaire royal ; l'un des plus célèbres sous Louis XV et Louis XVI fut Pierre Tilleux qui joua ici un rôle important lors de la Révolution.

Depuis 1789 jusqu'en 1830, les actes passés par devant notaire pour Rouillé, sont conservés en l'étude de Me Coiffé, notaire à Lusignan.

En 1830, l'étude de Celle-L'Evescault fut supprimée et transportée ici. Depuis lors, voici les notaires qui se sont succédés parmi nous.

Henri Charrier, 1830-1842.

Henri Port-Baron, 1844-1851.

André Chopin, 1851-1878.

Jean Laidet, 1879-1892.

Emmanuel Brousset, 1892-1905.

Me Louis-André Gendrault exerce depuis le 23 mars 1907.

---

2. -- Dom Fonteneau.

CHAPITRE X

Les Châteaux

L'époque féodale avait vu surgir de notre sol trois châteaux, Venours, l'Augerie, Boisgrollier. Hélas, à l'heure actuelle, de ces splendides demeures, si pleines de souvenirs historiques, il ne reste presque plus rien. Le vandalisme des hommes, encore plus que la morsure du temps, ont tout rasé. Nous allons essayer de les faire revivre.

§ I

Venours

La date la plus reculée, où il est fait mention de Venours, est 1280. Une dame de Créon l'habite, elle y a fait construire une chapelle[1] (*Villa de Venors*).

Au XIVe siècle, le célèbre Jean de Cherchemon, chancelier sous le roi Philippe-le-Long et Charles-le-Bel, en est le seigneur, et y fonde une rente pour la Collégiale de Menigoute, où il est enterré, 18 octobre 1328[2].

A cette date, les de Lusignan, en tiennent la propriété, à charge de payer les fondations. Venours était, en effet, du domaine de Béatrix, comtesse de la Marche et femme de Guy de Lusignan.

Voici les noms des seigneurs qui l'habitent[3]. :

1415, Jean de Vivonne, seigneurs de Marçay et Venours.
1498, Arthur de Vivonne,   id.
1519, François Gervain.
1561, Antoine Mararellon.

---

1. -- *Manuscrit du Grand Gaulhier.*
2. — *Arch. historiques du Poitou*, t. 1., p. 12.
3. -- *Archives de la Vienne*, châteaux et fiefs.

1587, Marie Hugueau, veuve de Pierre Boynet, seigneur de Venours.

1601, Hommage de la même.

Le 13 Janvier 1590; Louise Boynet, fille de feu Pierre Boynet, épousait Isaac Gourjault, seigneur de Mauprié [1]. De ce mariage naquit une fille, Jeanne, qui le 7 Septembre 1610, épousa son cousin, Claude Gourjault, fils puiné de Pierre Gourjault, seigneur de Passac.

Par ce mariage, Claude Gourjault devint seigneur de Venours, et il en rendit aveu au château de Lusignan, le 16 août 1617. Avec cette nouvelle famille protestante, Venours va jouer un rôle important durant toute la période du protestantisme.

Claude Gourjault était ancien du temple de Lusignan, il eut un fils, Charles, qui lui succède, et qui, en toutes circonstances, se montra sectaire[2]. Il épousa, avant 1651, Renée de Goulard, aussi ardente protestante que lui ; et leur château devint le foyer du protestantisme de la paroisse. Il fit prêcher dans la cour ou dans les dépendances de sa maison, Arnaudeau, Brissac et Maillard, pasteurs de Lusignan, (1659-1680) même le pasteur de La Mothe [3]. Il y avait prêche au château tous les mardis, et le pasteur Debille, de La Mothe, avait annoncé qu'il viendrait prêcher régulièrement (1655) [4].

Plus connu sous le nom de marquis de Venours que celui de Gourjault, il joua un rôle prédominant dans toutes les luttes religieuses qui précèdent la Révocation de l'Edit de Nantes. En 1653, il se rend à Chauvigny, et engage les protestants, dont on a fermé le temple, à attendre la justice du roi. En 1655, il veut construire un temple à Venours ; un arrêt du roi, 11 septembre, le lui interdit. Le 26 octobre 1668, il figure au synode de la province du Poitou, assemblé à Melle.

Il fut en lutte perpétuelle, ainsi que son frère, Gabriel

1. -- *Archives de la Vienne*, E 2. 105.
2. -- Papiers de la famille de Gourjault.
3. -- Lettre de M. l'Abbé Thibault, curé de Rouillé.
4. -- Lettre de l'Abbé Thibault, *Archives de la Vienne*, 104, C. 2.

Claude, coseigneur de Venours, avec les curés de Rouillé, et le chapitre de Saint-Hilaire. L'abbé Thibault soutint contre eux différents procès, où, disait-il, il s'agissait de « soutenir les droits de l'Eglise ». Dans un arrêt de la Cour, leur fortune est estimée 2.000.000 livres : Les chanoines de Saint-Hilaire voyaient tous leurs droits violés par eux ; ils s'arrogeaient les dîmes ou maltraitaient les fermiers de Saint-Hilaire qui se présentaient pour les recueillir.

En 1680, Charles de Gourjault, accompagné de Monsieur de Lestortière, se rendit à la cour de Louis XIV, et présenta à Louvois une requête sur l'état des protestants en Poitou. Il fut bien accueilli par le ministre. Mais aussitôt qu'il fut de retour, pour ne pas payer d'impôts, il essaya de tout céder à ses enfants. N'y pouvant réussir, il vendit tout ce qu'il put, mit son château à sac, et partit, après avoir tenté d'amener avec lui tous les paysans protestants, qu'il put décider. Il fut, pour beaucoup, la cause de l'émigration de nombreux protestants dans les années qui précédèrent et suivirent la révocation de l'édit de Nantes [1].

Après son départ, un certain Pierre Guillaivin fait faire une saisie du château, et là se trouve un état des lieux. Les différentes pièces du château y sont indiquées, depuis le perron jusqu'au grenier, et le tout dans un état lamentable de délabrement [2].

Ce départ était préparé depuis longtemps, car, dans un arrêt de la Cour, il est déclaré « qu'il est notoire à tous que depuis longtemps Charles de Gourjault cherche a passer en Angleterre. »

De fait, il se réfugie en Angleterre vers la fin de 1681, et il n'y séjourne que fort peu de temps, car à la fin de 1682, on le retrouve à Amsterdam.

Mais à l'étranger comme à Venours, il fut une haute autorité parmi les émigrés protestants, et fut souvent chargé de missions importantes par les chefs du pro-

1. — *Poésies*, de Jean Babu, p, 37.
2. — *Archives de la Vienne*, famille de Venours, G. 951.

testantisme. M. H. D. Guyot a publié sur lui une brochure,(Groningue 1906),intitulée, *Le marquis de Venours.*

Le 30 Janvier 1683, le marquis de Venours siège à Haarlem (Hollande) à une réunion du bourgmestre. Il demande qu'on institue dans cette localité, un établissement pour les filles protestantes de France et d'Allemagne, une sorte de couvent dont il voulait être le fondateur. Les jeunes filles devaient verser 4.000 livres de dot. La directrice serait une dame très ardente pour la religion réformée, et l'institution serait placée proche d'un temple, où les pensionnaires iraient suivre toutes les réunions. On leur apprendrait un métier, et, en particulier, en broderie le point de Venise. Il demande aussi qu'on installe à Haarlem une manufacture de « droguet du Poitou », et il se charge de faire venir de Saint-Maixent des ouvriers très experts dans cet art. C'est pourquoi il sollicite du bourgmestre l'exemption de tout impôt pour ces deux maisons [1].

Ayant réussi dans ces deux fondations, sauf cependant dans l'établissement de la manufacture dont il n'est pas fait mention dans la suite, le marquis de Venours ne resta pas inactif. Il se rend à Berlin, où il fonde, avec l'assentiment du consistoire, un asile pour les réfugiés nécessiteux. Après cela, il passe en Danemark, puis à Lubek, enfin à Hambourg, où on le retrouve en décembre 1688. En 1689 il se rend à Londres avec François de Gauthier, ministre de la Cour de Berlin, puis il revient en Allemagne et meurt à Berlin en 1692. (M. Guyot [2]).

Il avait eu 6 enfants, qui tous, sauf Alphée, le suivent sur la terre étrangère. Une de ses filles, Angélique, resta jusqu'à la mort membre de la société de Haarlem (1734) ; une autre, Charlotte Renée, en fut provisoirement la directrice (1683), puis en 1685, elle en fut nommée la coadjutrice. Elle quitta la société en 1689, se rendit à Zell,à la cour de sa compatriote Eléonore Desmier d'Ol-

---

1. — Rapport de M. Enschédé 1878, communiqué par M. Alfred Richard, archiviste.

2. — M. Beauchet-Filleau, *Familles du Poitou.*

breuse, duchesse de Brunswick, où elle épousa, le 16 Septembre 1701, Gabriel de Malortie, chevalier d'honneur de la duchesse [1].

Son fils Alphée se convertit au catholicisme en 1681, et ne resta que très peu de temps au château de Venours. Il eut le temps, cependant, d'hériter de son oncle Frédéric de Goulard, hors du royaume pour cause de religion. En 1689, il alla en Hollande rejoindre sa famille [2]. Après avoir témoigné de sa grande repentance, il rentra à nouveau dans le protestantisme. Puis il essaya de revenir en France avec des ministres, défense lui en fut portée. En 1870, les descendants de cette famille étaient officiers dans les armées allemandes, et se battirent contre la France. A Mézières, ils se rencontrèrent avec des officiers français, leurs parents [3]. Les derniers représentants de cette famille sont Marie Henri de Gourjault, habitant les Ardennes, et Mme la marquise de Fayolle, fille de Camille Hugues de Gourjault, père du précédent, demeurant à Coulombiers. Celle-ci possède encore des propriétés en Hollande, qui évidemment tirent leur origine de l'émigration de Charles de Gourjault et de Alphée, son fils.

Les armes des de Gourjault étaient : de gueules au croissant montant d'argent.

C'est une famille de la Bétonnière qui succède aux de Gourjault, à Venours. Le registre paroissial du 23 Septembre 1709 , indique la sépulture d'Antoine de la Bétonnière, en la chapelle de Venours.

Cette famille s'allia avec les de la Maisonneuve de Lusignan, et en 1719, René de la Maisonneuve, président du bureau des finances à Poitiers, est seigneur de Venours,il meurt en 1763,âgé de 66 ans,il est enterré dans l'église de Rouillé. Pierre Jérôme, son fils, lui succède. Celui-ci, en 1789, est un des électeurs pour la noblesse

1. — Eléonore d'Olbreuse, p. 84.
2. — *Dictionnaire des familles historiques du Poitou*, Beauchet-Filleau.
3. — Note de M. le marquis de Fayolle.

à l'Assemblée nationale[1]. Le 31 janvier, il est nommé conseiller municipal à Rouillé.

Sa fille, Céleste Thérèse, épousa Roland Martel, lequel, en 1790, émigra après avoir divorcé. Céleste Thérèse se présenta alors au district, et réclama les biens de Venours qui venaient de sa dot, ce qui fut accepté par le directoire du district[2].

§ II
L'Augerie

Construit au xiiie siècle, l'Augerie est un château-fort avec de hautes murailles flanquées de tours percées de meurtrières ; tout autour, des douves profondes, dont quelques unes n'ont été comblées qu'au milieu du siècle dernier ; un pont-levis en défendait l'entrée.

Complètement détruit pendant la guerre de Cent ans, il fut reconstruit vers le xve siècle ; les quelques fenêtres qui restent indiquent cette époque, avec leurs ouvertures presque carrées et à croisillons de pierre. Il est assez difficile d'en déterminer tous les détails, car il a été remanié maintes et maintes fois. De nos jours, il ne reste qu'une vieille tour, et quelques pièces converties en servitudes ou en maison d'habitation d'un fermier.

Le premier seigneur que nous connaissons est Guillaume Pouvreau. Emery Pouvreau, maire de Poitiers, 1248, eût un fils Guillaume qui fut seigneur de l'Augerie, 1292. Hugues le Brun, comte de la Marche et d'Angoulême, lui accorde, par une charte de 1291, en récompense de ses services, le droit de péage à Jazeneuil, de tenir deux foires en ce bourg, le four de Jazeneuil et le droit de haute justice avec hommage lige d'une paire d'éperons dorés, le mercredi après la mi-carême[3] ; on ne sait pas le nom de sa femme. Il vendit le moulin de Crieuil avec droit au cours d'eau. Il eut deux fils, Olivier et Antoine.

1. -- *Archives Historiques du Poitou*, Etats généraux de 89.
2. -- Registre du district de Lusignan, N° 43.
3. -- *Archives de la Vienne*, Châteaux et Fiefs.

Olivier épousa Marguerite Orsséiente, en 1344. Il eut un fils, Hébert, qui fait un acte d'hommage en 1392. On ne connaît pas sa femme. Louis Pouvreau, fils du précédent, fait un bail à rente en 1454. Louis, également, fils du précédent, seigneur de l'Augerie et de Jazeneuil, partage avec son frère Jean, par acte en 1482. Il épousa Jeanne Gauffier, duquel mariage sont nés Jean-Marie et Radegonde [1].

Jean Pouvreau, frère de Louis, fut condamné à payer à messire Autier, curé de Rouillé, une rente de 8 prévendiers de seigle et d'avoine, à cause d'une maison, située à Rouillé (1478).

En 1473, le 20 mars, Louis XI avec toute sa cour est au château de l'Augerie, l'hôte du Louis Pouvreau. C'est de là qu'il écrit sa lettre au procureur de Poitiers, pour tenir en bonne garde le fameux cadet d'Albret, jusqu'à son jugement [2].

Jean Pouvreau, fils de Louis, eut un fils, Bonaventure, qui mourut à l'Augerie en 1519. Un autre fils Louis fait acte d'hommage en 1521 et sa femme est Catherine Desprez de Montpezat, veuve en 1543. Ils eurent une fille, Françoise, qui s'allia avec Louis Pierre Moysen, seigneur de Beaulieu, près la Meilleraie.

Les Pouvreau avaient comme armes : de sable au moulin à vent sur terrasse de sinople.

Cette famille des Moysen, qui succède aux Pouvreau, habitera l'Augerie jusqu'à la Révolution française. Leurs armes étaient d'abord celle des Pouvreau [3], mais ils reprirent ensuite leurs armoiries d'azur à trois croissants d'argent, deux et un, à une rose d'or au cœur de l'écu.

En 1590, Pierre, fils du précédent, obtint plusieurs dispenses de ban et d'arrière-ban [4]. Devenu protestant, il prit une part active aux guerres de religion, où il laissa une partie de sa fortune.

---

1. — Famille Rabault, papiers personnels de M. Richard, archiviste.
2. — *Archives historiques du Poitou*, t. 1 p. 175.
3. — Papiers de la famille Rabault.
4. -- Le ban était une convocation pour une revue d'armes.

Son fils Charles, par une lettre de 1617, renonce à l'héritage qui lui venait de son père, du château de la Guyonnière, à cause de toutes ses dettes. Dans cette lettre, est fait l'inventaire de toutes les terres de l'Augerie qui sont considérables[1]. Il est fait mention d'une allée en futaies qui conduit au château. Il reste encore de nos jours deux chênes de cette belle avenue, ils sont placés dans la prairie près le chemin de la gare. Ils ont donc plus de 300 ans d'existence. Charles épousa Judith de Lavocat, protestante comme lui.

Leur fils Gédéon, épousa Suzanne Chataigner, parente de Mme de Maintenon, le 6 janvier 1642, et mourut en 1660. Lui aussi fut protestant ardent, il chercha mille difficultés aux curés de Rouillé et au Chapitre. Son testament porte, en premières lignes, une profession de foi protestante.

Comme Venours, l'Augerie était devenue un des grands centres du protestantisme à Rouillé ; le culte réformé s'y célébrait.

Louis Moysen, fils de Gédéon, se marie avec Marguerite Bobin, le 10 décembre 1664. En 1667 il est maintenu comme noble. En 1702, Louise-Marguerite Bobin, veuve de Louis Moysen de la Roche l'Augerie a la garde noble de Louis Moysen son fils, Marie, Suzanne, Louise et Charlotte, ses filles.

Quelques années avant la révocation de l'Edit de Nantes, toute la famille de l'Augerie se convertit au catholicisme. J'ai trouvé l'acte d'abjuration dans les papiers de la famille, il est daté du 4 février 1682. En 1700, tous les maîtres du château et leurs serviteurs font leurs Pâques [2]. En 1707, Louis épousait Angélique Brun, fille d'Abraham Brun de la Mangotière (Cloué).

Bonaventure, frère du précédent, habite à l'Augerie et son fils Gédéon se marie avec Marie Porcheron en 1701 ; en 1715, il est maintenu comme noble. Gédéon fut un

1. — Papiers de la famille Moysen, *Archives de la Vienne*, E. N.
. -- Lettre du Curé à son Evêque, G. 54, *Archives de la Vienne*.

fervent catholique, et contribua pour beaucoup à relever la religion dans la paroisse. Il meurt en 1715. Gédéon et Bonaventure ont leur pierre tombale à l'église devant l'autel saint Joseph. Gédéon eut un fils, François-Xavier qui fait un aveu en 1741.

Louis Moysen eut un fils, Philippe qui épousa Renée Garnier de Boisgrollier, et en 1778 ils avaient quatre enfants, Louise-Marie, Marie-Renée, Márguerite-Marie, Louis-Philippe. Il eut un autre fils Gratieux qui, catholique très fervent, donna toujours un grand exemple à la paroisse et dont le fils Louis, qui suit, connut toutes les persécutions de la Révolution.

Celui-ci, en effet, se maria avec Marguerite de Jouhault. Lorsque souffla le vent de la Révolution, il en subit les premières influences, il fut même commandant de la garde nationale de Rouillé, dont le drapeau était précisément déposé à l'Augerie. Il fut électeur à Jazeneuil pour la noblesse lors de la convocation des Etats Généraux de 1789.

Mais sentant gronder les haines sanguinaires de 1793, Louis Moysen émigra, laissant au château, son vieux père qui meurt de douleur quelques jours après son départ, sa mère, sa femme et son fils Xavier, âgé de treize ans. Ses biens furent immédiatement confisqués comme propriétés d'émigré. Le district de Lusignan, pourtant, décida qu'on laisserait au château les appartements nécessaires pour loger la grand'mère et le petit-fils jusqu'à la mort de celle-ci. « On réservera, dit l'acte de vente[1] la partie droite du château pour la veuve et le petit-fils : composée de plusieurs salles en haut et en bas, puis la tour du milieu ci-devant chapelle, pour servir d'office, charnier et cellier, puis plusieurs écuries, plus moitié du jardin allant jusqu'à la mare, plus la petite partie des douves qui est contre le pavillon de droite en entrant, également la liberté de se promener dans la grande allée, plus une clef pour le grand portail. » Que c'est donc grand de la part du district ! Il

---

1. -- Vente de biens nationaux, Rouillé, *Archives de la Vienne.*

mesure la liberté de se promener à des personnes qui sont dans leurs propriétés ! Ce sont les beautés de la Révolution.

Le château et la ferme y attenant furent vendus comme biens nationaux, le 5 brumaire an IV, au tribunal du district de Lusignan ; ils furent achetés par la femme de Louis Moysen pour 911.000 francs qu'elle paya en assignats le 11 brumaire an 4[1].

En 1804, le château et la ferme furent rachetés par la famille Dauvilliers dont nous parlerons d'autre part.

Les autres fermes furent achetées : La Bruère, par Pierre Sapin de l'Epine et Bruneteau de La Boutodière, le 11 brumaire an IV ; La Coudre, par Gérard d'Exoudun ; Lansonnière, par Richard d'Exoudun. Les actes de vente des autres métairies ont disparu.

En 1793, lorsque les menaces de mort étaient lancées contre tous les nobles, un vieux serviteur sollicita de la municipalité de Rouillé un certificat de civisme pour l'enfant Xavier Moysen et pour sa grand'mère, Marie-Catherine Gratieux, restés au château. Le certificat fut accordé le 30 fructidor[2]. Quant à la femme de l'émigré, Marguerite-Françoise Chantal de Jouhault, pour éviter d'être arrêtée, elle errait dans la campagne, cachée dans les fermes. Les papiers de la famille disent que pendant longtemps elle eut comme cache, une crèche dans une étable, à la Gouvanière. Son grand crime était d'être la femme de Louis Moysen, émigré.

Celui-ci mourut sur la terre étrangère, et sa femme à Paris. Lorsque sous Charles X « la loi d'indemnité » pour les biens confisqués aux émigrés fut votée, leur fils, Xavier Moysen, écrivit au Préfet de la Vienne, le 14 septembre 1826, un long rapport, exposant les propriétés dont il avait été dépouillé. Il eut comme indemnité, 12.759 fr. 79 cent.[3]. Au moment de la Restauration, il prit du service dans les armées du roi. En 1825,

1. -- *Archives de la Vienne.* Q. 1, 74.
2. -- *Registre de la Révolution*, de Rouillé.
3. -- *Archives de la Vienne*, Q. 1, 74.

il était officier supérieur et chevalier de la Légion d'honneur. Il habitait Paris, rue Vantadour, n° 11. Il est mort sans postérité, et le nom de Moysen n'est plus porté maintenant.

§ III

Boisgrollier

De ce château, il ne reste plus rien, si ce n'est quelques servitudes dont les fenêtres, comme celles de l'Augerie, attestent le xv° siècle. Il fut pourtant dans les siècles passés une demeure importante ; sa chapelle était dédiée à saint Martin.

Le premier seigneur que nous connaissons est Jean Lévesque, 1402, qui tient hommage lige de Jean Gourjault de Mauprié. Un acte de 1283 témoigne que les seigneurs de Boisgrollier payaient la dîme. Leurs armes étaient : d'or à trois bandes de gueules.

Cette famille Lévesque fut la seule des trois seigneurs de Rouillé qui ne se rallia pas au protestantisme. Vers 1565, lors des guerres de religion, elle émigra avec les de Vasselot, seigneurs du Châtaignier, et revint en 1575. Au mois de décembre de cette même année, Catherine de Médicis, avec toute sa cour, est installée au château de Boisgrollier, où elle parlemente avec son fils, le duc d'Alençon [1]. Elle y resta plusieurs mois, car le 26 janvier 1576, elle se rend de là à Lusignan contempler une dernière fois le vieux château-fort que les ouvriers démolissaient.

En 1583, elle s'y trouve encore, et le roi Henri III, vient l'y saluer.

Vers 1630, messire Lévesque de Boisgrollier épouse une demoiselle de Marconnay, de Sanxay, duquel mariage naît Gabriel Lévesque, qui meurt en 1702, âgé de 54 ans. En 1685, il fut parrain et sa fille marraine d'une cloche à l'église.

1. -- Michel le Riche, p. 862.

Un de ses fils, Gabriel comme lui, lui succède, et l'une de ses filles, Elisabeth-Gabrielle, épouse à Rouillé, le 21 mai 1710, Pierre Garnier, seigneur de la Courmorand. Ainsi commence cette nouvelle famille qui occupera le château jusqu'au milieu du xixe siècle. Le cimetière de cette famille est à Saint-Sauvant, et leurs armes étaient celles des Lévesque. Pierre Garnier suscita maintes difficultés au chapitre de Saint-Hilaire, au sujet des dîmes et droits de terrage, qu'il refusait de payer, interdisant à ses fermiers de les verser, et chassant les collecteurs qui venaient les quérir [1]. Il prétendait avoir raison, par suite du droit d'inféodation venant de Mauprié [2] Il y eut un long procès où il fut condamné. Il eut un fils, Pierre-Louis, né le 23 décembre 1715, qui lui succède. En 1750, il contribua, avec les Moysen, à restaurer l'église de Rouillé qui avait brûlé. Pierre-Louis, également fils du précédent, né le 16 septembre 1747, fut page de la reine Marie Leczinska, puis mousquetaire dans la 2e compagnie, en 1765 [3].

En 1789, il est électeur pour la noblesse, à Pamproux ; après l'Assemblée nationale, il est conseiller municipal à Rouillé. Mais lorsque la tourmente révolutionnaire devint imminente, il émigra et prit du service dans l'armée des princes, où il reçut le brevet de brigadier de la 2e compagnie d'ordonnance. Il fit les campagnes de 1791 et 1792, passa en Angleterre, prit part au combat de Quiberon. Puis, en 1802, rentre dans la compagnie du Royal-Emigrant. En 1798, il reçut la croix de Saint Louis, et la décoration du Lys en 1814. Il rentre en France et il meurt à Poitiers, capitaine de la garde nationale.

Son fils, Pierre-Marie, était enseigne de vaisseau, quand éclata la Révolution. Contraint par le mouve-

1. -- *Archives de la Vienne*, G. 952.
2. -- L'inféodation : les dîmes étaient inféodées lorsqu'elles étaient légitimement prescrites au profit des seigneurs. Pour que cette prescription fut légitime, il fallait qu'elle remontât à cent ans avant le concile de Latran de 1186.
3. -- Papiers de la famille de Boisgrollier.

ment révolutionnaire de passer à La Martinique, il fut
bientôt atteint, et appelé devant les tribunaux comme
fils d'émigré. On le condamna à mort avec plusieurs
autres officiers, mais sa grande jeunesse lui valut un
sursis, dont il profita pour s'évader. Il prit du service
dans la marine espagnole, à condition de ne jamais
porter les armes contre la France. Il assista au combat
de Trafalgar, où le vaisseau qu'il montait se jeta sur la
côte, au milieu de la tempête, plutôt que de se rendre
au vainqueur. Echappé comme par miracle, il tomba
aux mains des Anglais,qui le conduisirent en Angleterre
sur les pontons, où il fut interné. Au bout de six mois,
on l'échangea contre un officier anglais, et il recom-
mença sa vie périlleuse.

Après de nombreuses campagnes, il fut rappelé en
France en 1814, par décret royal, il reprit le chemin de
son pays. En route il fut assailli par une violente tempête, et vit périr un vaisseau à côté de lui. Grâce à une
courte éclaircie, qu'il regarda toujours comme une pro-
tection de la Sainte Vierge, il put éviter le rocher de
Chassiron et prendre la passe de Rochefort. Il épousa en
1815,Anne Marsault de Parsay,et mourut à Niort en 1861.
Il eut deux enfants, Marie Caroline décédée à la communauté du Saint-Sacrement d'Angers qu'elle avait
fondée, et Louis Pierre, qui épousa en 1850, Marie Aglée
de Liniers, du château du Plessis Cherchemont, (commune de Vausseroux [1]).

Naturellement toutes les terres de Boisgrollier furent
confisquées, comme biens d'émigrés, par les révolutionnaires. Au départ de la famille, le château avait été
loué par le citoyen Gayer pour 1650 francs. A la métairie de la Porte, les braves fermiers avaient suivi leurs
maîtres en pays étrangers, et le citoyen Bruneteau avait
loué cette métairie 1130 francs. La vente eut lieu au district de Lusignan, le 23 Nivose, an III.

Le citoyen Dubreuil Chambardel, demeurant à Puitmorin d'Avon, acheta le château et la ferme pour 88.000 livres. payées en assignats [1].

Bien mal acquis ne profite jamais ; ces Dubreuil-Chambardel, qui avaient également acheté le château du Châtaignier, appartenant aux de Vasselot, sont enterrés au cimetière, leurs enfants quittèrent le pays, et leurs biens furent revendus. Leurs pierres tombales ont été enlevées en septembre 1911, lorsqu'on traça les allées au cimetière.

§ IV

Lansonnière

De ce château rien n'est demeuré également. Il avait déja disparu avant la Révolution, et n'était qu'une dépendance de l'Augerie. C'est ainsi que le chemin vicinal qui va à Saint-Sauvant est pavé en pierres de taille depuis le bourg jusqu'à Lansonnière. Ce chemin autrefois faisait un détour, et passait par l'Augerie; il a été redressé au commencement du siècle dernier.

Voici les noms des seigneurs que nous avons trouvés et qui n'avaient droit qu'à la moyenne justice :

En 1404, Colas Baronneau.

En 1555, Jean Rabault, puis sa veuve Jacqueline de Montlouis. Cette famille Rabault était protestante [2].

1683, René Rabault, seigneur de Lansonnière, capitaine dans le régiment de Picardie, épousa demoiselle Suzanne Moysen, et il abandonna la religion prétendue réformée en 1686. Il était né de parents protestants, et il mourut en 1703. Il fit son abjuration en 1686, le 2 février entre les mains de Messire Vidard, curé de Jazeneuil, et ses enfants en 1690.

Ces Rabault étaient seigneurs de Lansonnière et de Matefalon. Sur l'épitaphe de René Rabault il y avait : « Priez

1. — Vente des biens nationaux, Rouillé, *Archives de la Vienne.*
2. — *Archives de la Vienne :* Châteaux et Fiefs du canton de Lusignan.

Dieu pour lui, *Amen* » Formule moitié catholique, moitié protestante, car leś protestants ne disent jamais « Ainsi soit-il », même à leurs prières en langue vulgaire, mais toujours « *Amen* ».

Les enfants de René Rabault furent mis dans un couvent à Poitiers, au moment de leur conversion, et il y eut à Lansonnière des dragons [1].

Ce fut son fils Louis qui devint tige de la branche de Lansonnière. Il servit en qualité de lieutenant d'infanterie au régiment de Provence et dans celui de Saint-Germain-Beaupré ; il épousa Marie-Rose de Vestat. Ses fils furent Jacques Rabault religieux Cordelier et Charles-Joseph qui meurt sans postérité.

1777 Jean-René Rabault, seigneur de Lansonnière.

Ce fut le dernier seigneur avant la Révolution.

§ V

Autres fiefs

Le Bois d'Augère. — 1246, Hugues de Bois d'Augère de Rouillé et sa famille se chargent envers le chapitre Saint-Hilaire de 20 sous de rente, sur tout ce qu'ils possédaient dans la paroisse.

1310, Jean du Bois d'Augère donne au chapitre, par l'entremise de Guillaume Thomas, curé, deux hommages dus par Guillaume de Chouppe et Perrot de Latozerne, et ceci pour les anniversaires de ses père et mère et pour les recommander aux prières de l'Eglise. (Recommendetur in oratione) [2].

Vers 1630, le Bois d'Augère fut annexé à l'Augerie.

La Virlaine. — La Virlaine, qui était également un fief, appartenait, vers 1619, à Philippe Vasselot.

---

1. -- Généalogie de la famille Rabault, manuscrit communiqué par M. Richard archiviste.
2. -- Dom Fonteneau.

Epoque contemporaine

CHAPITRE X

La Révolution

Plus que toute autre paroisse, Rouillé était prêt pour la Révolution, par suite du mélange des cultes. « L'un des précurseurs de la Révolution, a dit Taine, fut certainement l'élément protestant ». La vérité de cette assertion se vérifia ici d'une façon vraiment surprenante.

Il n'est peut-être pas de paroisse où la Révolution fut accueillie avec autant d'enthousiasme, pas de conseils municipaux aussi décidés à exécuter tous les ordres de l'Assemblée constituante et de la Convention. Les faits que nous allons raconter, en fournissent une preuve évidente.

§ I

1789. — Cahier de doléances des habitants de Rouillé pour la réunion des Etats-Généraux.

Les registres paroissiaux sont d'abord merveilleusement tenus par l'abbé Brunet, curé, jusqu'en 1791. En 1792, l'état civil passe à la mairie et les actes sont écrits, d'abord par Poinet, puis par Marteau. C'est la constitution du 14 septembre 1791, en effet, qui déclare le mariage un simple contrat civil et ordonne l'institution d'officiers publics, chargés de rédiger les registres de l'état civil.

Le Parlement, en 1787, sur un rapport qui lui avait été fourni, ayant constaté que les différentes fondations dans le diocèse de Poitiers n'étaient pas administrées légalement, avait ordonné la nomination spéciale de 2 marguilliers, chargés de toute la comptabilité, et devant présenter leurs comptes tous les ans à une assemblée générale[1]. Ils pouvaient être choisis, soit parmi les « fabriqueurs » (fabriciens) déjà en fonction, soit parmi les simples fidèles. C'est pourquoi le dimanche 27 avril 1797, Jacques Bouthet, sénéchal à Lusignan, se présenta à l'église devant l'abbé Brunet, pour élire ces deux marguilliers, « de bonne conduite, sachant lire et écrire », et faire en même temps un état des fondations.

Le curé déclara se soumettre à l'arrêt, « tout en ne voulant rien approuver qui puisse lui nuire, ni préjudicier à ses droits ; et il remettra les titres quand il sera requis ». Puis il indiqua les paroissiens aptes à remplir cette charge. (Procès-verbal, signé : J. Brunet).

Furent élus par tous les hommes présents à la messe et réunis à la porte de l'Eglise, François Chaussac et Joseph Coutaud, « tous deux sous peine de 100 livres d'amende, s'ils n'accomplissent pas bien leur tâche ».

Déjà un air de liberté semblait souffler de toutes parts. Au mois de novembre 1787, Louis XVI avait rendu un édit, ordonnant de choisir un cimetière particulier pour les protestants. A Rouillé, 1788, le conseil acheta 200 livres le champ du Poteau, devenu le cimetière protestant. En 1821, sous la surveillance de M. Vétault, architecte et commis-voyer, il fut séparé du cimetière catholique par un fossé et une haie en buis qui fut arrachée lors de la laïcisation des cimetières ; deux pieds « d'hosanne » seuls ont été conservés aux deux extrémités, comme deux bornes[2]. De nos jours encore, protestants et catholiques sont enterrés chacun dans sa partie res-

---

1. -- *Archives de la Vienne*, E. 6, 6.
2. — Le décret, en effet, qui portait le partage des cimetières, est du 4 juin 1804, et il ordonnait qu'une partie fut réservée à ceux qui mouraient hors de l'Eglise.

pective, et il est bien rare qu'on manque à cette tradition.

Le Conseil municipal, à partir du mois d'août 1788,
se réunit tous les dimanches, à l'issue de la messe paroissiale, pour régler toute affaire. A cette date, il est
ainsi composé : Tribert, syndic (maire) ; abbé Brunet,
Moysen de L'Augerie, de Boisgrollier, Tilleux, notaire,
Aumônier, Guitton, Cousin, Bruneteau, Chaussac,
greffier.

Le 1er Mars 1789, tous les habitants étaient convoqués,
au son de la cloche, pour remettre le Cahier des doléances, demandé par le roi à chaque paroisse, pour la
réunion des Etats-Généraux. La convocation avait été
lue au prône de la messe paroissiale. Cette assemblée
était présidée par Philippe Barnabé Bouthet, juge sénéchal de la haute justice de Rouillé. Les assistants, 200
environ, choisirent trois habitants chargés de porter à
Lusignan le Cahier de doléances. Deux furent ensuite
délégués à Poitiers, du 15 au 25 mars, pour élire les
membres du Tiers-Etat : ce fut Tribert, syndic, et
Tilleux, notaire.

J'ai été assez heureux de retrouver ce Cahier de doléances de la paroisse [1], qui contient toutes les aspirations
de nos ancêtres à la veille de la Révolution. Il a dû certainement être rédigé par un petit clan [2] ; il ne porte, en
effet, que 48 signatures. Mais, s'il n'expose pas les dési-
derata de tous les habitants, il n'en est pas moins un
document précieux. Il comprend six petites feuilles de
papier blanc, cousues ensemble. Je le transcris textuellement :

*Cahier de doléances des habitants de la paroisse de Rouillé,
en vertu de la lettre de Sa Majesté, du 4 janvier dernier, pour
la convocation des Etats-Généraux, de l'ordonnance de M. le
lieutenant général du siège royal de Lusignan, sur la réqui-*

1. -- *Archives de la Vienne, C., 6, 9.*
- 2. -- Dans la grande majorité des paroisses, ces cahiers furent
formulés par des groupes d'esprits turbulents.

*sition de Monsieur le Procureur du Roi du 18 du mois
dernier.*

En conséquence les sus-dits habitants estiment que pour
suivre le vœu de Sa Majesté, ils doivent démontrer la vérité
pour qu'on puisse juger de leurs positions,

Cette paroisse qui paye en impositions en total 13.268
livres 19 sols [1] et en corvée la somme de 1212 livres.

N'offre pour ressources qu'un terrain très froid dont un
grand tiers est couvert de fougères, d'ajoncs et bruyères,
sujets à des droits de terrage et des rentes considérables à
l'exception d'une très petite partie, qui est noble sur les-
quelles ont fait payer des droits de francs-fiefs énormes eu
égard à la valeur que les contrôleurs donnent toujours plus
fortes qu'elles ne devraient être pour ces sortes de terre,
ainsi que pour le centième denier des successions collaté-
rales, ce qui réduit les particuliers à laisser leurs terres incultes, étant dans ces parties comme dans les autres fort
froides et n'ayant pas les facultés d'aller chercher des fu-
miers de chairée et de pigeon suffisamment et qui est le
seul propre à fumer ce terrain froid et qui coûte pris à 6
lieues de la paroisse 30 et 40 livres la charretée.

Elle n'a aucune prairie, aucun ruisseau, il y a seulement
trois petites fontaines qui tarissent pour peu qu'il y ait de
la sècheresse, ainsi que le petit nombre de puits, ce qui fait
qu'on est obligé d'aller à une lieue pour aller quérir de
l'eau tant pour la substance des hommes que pour celle des
animaux ce qui emporte au cultivateur un temps considérable dont la culture souffre beaucoup ; que le peu de foin
qu'on fait consommer dans la paroisse on est obligé d'aller
le chercher à 5 lieues de distance et, qu'eu égard à l'éloignement, il est rare qu'on puisse le serrer à propos ce qui
fait qu'on n'a point de profit sur les bestiaux, une des
grandes ressources de la campagne, attendu qu'on ne fait
point d'engrais, chose précieuse pour la culture, ce qui
oblige la majeure partie des particuliers de laisser leurs

---

1. — La livre valait 1 franc, seulement l'argent, depuis, a beaucoup perdu de sa valeur.

terres incultes et les met dans le cas de la part des seigneurs, qu'on leur demande des non-cultures, puisqu'il n'y
a que les personnes aisées qui puissent faire cette dépense et
qui sont bien rares dans cette paroisse.

Que les impositions que l'on paye dans cette paroisse
étant portées à leur comble, il n'est plus possible de les
faire payer, attendu la misère des différents particuliers et
du nombre des privilégiés, tant nobles qu'ecclésiastiques
qui jouissent du meilleur du revenu ; privilèges qui s'éten-
dent encore à exempter du tirage de la milice tous leurs
domestiques au préjudice des misérables cultivateurs, dont
il serait à souhaiter que tous les enfants fussent indistinctement exempts et qu'on astreignît à leur place les domestiques des privilégiés ainsi que ces derniers à payer la
taille et la corvée, chose si juste puisque ce sont eux qui
sont le plus souvent sur les grandes routes et qui jouissent
par leur fortune et privilège des plus grands avantages.

Qu'il serait également à désirer que les abus qui se sont
glissés dans la justice, fussent supprimés et qu'il n'y eut
qu'un arrondissement pour les justices royales, afin que les
justiciables ne fussent pas si éloignés, mais qu'il ne serait
pas juste aussi d'attaquer la propriété de la justice aux seigneurs qui en faisant rendre justice à peu de frais, seraient
exposés à des droits plus considérables par le transport des
juges royaux, si on n'y prévoyait pas en laissant aux seigneurs les droits d'apposition de scellés, inventaire, tutelle
et curatelle.

Les habitants espèrent qu'en remplissant les vues bien-
faisantes de notre monarque, ils trouveront un adoucisse-
ment dans leur infortune qui est au dernier comble et que
les cultivateurs auront par ce moyen plus d'encoura-
gement.

Suivent 48 signatures.

Ces plaintes et ces désirs ne firent que s'aggraver.
Tout ce petit pays, en effet, est en effervescence. Tous
les événements qui se déroulaient à Paris, étaient immédiatement communiqués aux habitants, à la porte de
l'église. Les registres contiennent tous les actes de

l'Assemblée constituante qui, d'ailleurs, étaient ici, immédiatement exécutés : affichage des droits de l'homme, chant du *Te Deum* après la nuit du 4 août, etc... [1].

Au mois de décembre 1789, le titre de syndic de la paroisse fait place à celui de maire, en même temps que, par décret royal, les protestants sont admis aux charges civiles ; la première municipalité, ainsi organisée, fut élue, à Rouillé, le 31 janvier 1790, après les vêpres. Il y avait 460 votants ; le vote eut lieu à la porte de l'église, sous le ballet. Le président, chargé de veiller sur les élections, est d'abord nommé ; ce fut Pierre Garnier de Boisgrollier, puis le secrétaire, Brunet, curé ; tous deux alors prêtèrent le serment de fidélité à la Constitution.

Fut élu maire, M. Tribert, puis les cinq conseillers municipaux : Lazare Vierfond, Louis Pothet, Jérôme de la Maisonneuve, Pierre Aumônier, Pierre Garnier de Boisgrollier.

Ces élections finies, la nuit était venue, et les habitants furent invités à revenir le lendemain pour élire le procureur syndic, dont la fonction consistait à soutenir, en toutes circonstances, les intérêts de la commune. Fut élu, M. Brunet, curé. Immédiatement, on nomma les 12 notables chargés de dresser les impôts. Le secrétaire de la mairie fut Pierre Renoux, maître d'école, qui avait reçu son diplôme d'instituteur, de l'Evêché de Poitiers.

Au mois de février, le conseil enregistre la formation du département de la Vienne, chef-lieu Poitiers, districts, Châtellerault, Loudun, Montmorillon, Civray, Lusignan.

Le 1er novembre, M. Brunet, procureur syndic, est mandé par les conseillers municipaux de Lusignan, pour élire le juge de paix. Les cantons, en effet, furent organisés selon l'étendue de la juridiction des justices de paix. Aussi, en décembre 1790, le district de Lusignan est divisé en 4 cantons, Lusignan, Vivonne, Sanxay, Saint-Sauvant ; Rouillé dépendait de Saint-Sau-

---

1. -- Toutes ces notes sont prises au registre des délibérations du Conseil municipal pendant la Révolution.

vant, et ces deux communes seules, formaient un canton. C'est pourquoi, le 9 janvier 1791, 4 citoyens délégués se rendirent à Saint-Sauvant pour nommer le juge de paix.

Pour maintenir la sécurité des habitants, troublés par des bandes de brigands, que l'on rencontre toujours à l'heure des Révolutions, la loi avait décrété l'institution d'une garde nationale. En 1790, il y avait 100 gardes nationaux ici, dont le commandant était Louis Moysen de l'Augerie. Ils se rendirent tous à Lusignan, le 18 Juin, pour la fédération des gardes, et prêter le serment.

Sur ces entrefaites, le secrétaire de la mairie, Renoux, donne sa démission, et est remplacé par Chaussac, cabaretier, qui tient fort mal les registres d'ailleurs.

§ II

1791. — Vente des Biens de l'Eglise. — Première Fête du 14 Juillet.

Avec 1791, s'ouvre l'anarchie. Tous les seigneurs de Rouillé émigrent, pour éviter les haines révolutionnaires. Déjà, vers la fin de 1790, Roland Martel de Venours est parti. Louis Moysen de l'Augerie écrit au maire le 18 juin, lui remettant sa démission de commandant de la garde nationale, et le prie de faire prendre le drapeau qui est à son château, et il gagne la frontière peu de temps après. Pierre Garnier de Boisgrollier, le 4 avril, demande une indemnité au conseil, pour les pertes qu'il a subies par suite de la suppression de tous les anciens impôts, et il part également.

Le curé a aussi reçu ordre de prêter le serment, exigé par le décret de l'Assemblée du 27 novembre 1790. Le 23 janvier 1791, à l'issue de la messe paroissiale, devant le conseil municipal et les fidèles réunis, il fit le serment demandé. Certainement il n'en comprit point toute la portée ; en voici la formule : « Je jure de veiller avec soin sur les fidèles de cette paroisse qui m'a été confiée, d'être fidèle à la nation, à la loi et au Roi ; de maintenir de tout mon pouvoir, la constitution décrétée par l'Assemblée nationale et acceptée par le Roi. »

Sans doute, ce prêtre aurait dû se rappeler la splendide profession de foi de notre illustre évêque de Poitiers, Mgr Beaupoil de Saint-Aulaire, à l'Assemblée nationale. Mais Mgr de Saint-Aulaire était passé en Suisse, où il meurt en 1798 ; le diocèse n'aura un évêque qu'en janvier 1803, et, durant tout ce désarroi, bien des erreurs s'expliquent, bien des faits se sont accomplis, auxquels il ne faut point donner une portée absolue.

L'Assemblé constituante avait supprimé tous les anciens impôts, pour y substituer une contribution générale, tablée sur la propriété et le mobilier des citoyens. On s'occupe aussitôt à Rouillé de dresser le cadastre. Les grandes lignes en furent immédiatement marquées [1], le territoire était divisé en 10 sections, et le 1 mars, les habitants furent prévenus qu'ils avaient 15 jours, pour indiquer les propriétaires des différentes terres.

La première fois que fut célébré chez nous l'anniversaire de la prise de la Bastille, ce fut le 14 juillet 1791. En voici le procès-verbal :

Aujourd'hui 14 Juillet, jour à jamais mémorable, sur l'heure de midi, où tous les citoyens français se réunissent chacun en leur communauté pour célébrer cette alliance sincère de tous les cœurs français, nous maire, officiers municipaux de la paroisse de Rouillé avons requis notre milice nationale, ainsi que la commune, pour renouveler le serment civique ordonné par nos augustes représentants à l'Assemblée nationale, conçu en ces termes que nous avons unanimement répété : « Nous jurons d'être fidèles à la nation, à la loi, au Roi, de maintenir de tout notre pouvoir la Constitution décrétée par l'Assemblée Nationale et acceptée par le Roi, de protéger conformément aux lois la sûreté des personnes et des propriétés. »

1. -- Le cadastre pour la commune, ne fut complètement rédigé qu'en 1836. Il est très bien fait d'ailleurs.

Comme on le voit, la Révolution avait de chauds partisans parmi nous. Aussi, lors de la contribution patriotique pour les armées, il fallut quatre cahiers pour en-
registrer toutes les offrandes des habitants, elle s'éleva
à 1.702 livres 5 sols, le 1er juillet 1790 [1]. De même, lorsque la Constitution du 14 septembre 1791 fut promul-
guée à Rouillé, on alluma un feu de joie monstre ; un
arbre tout entier fut enfoncé en terre et on y attacha
100 fagots.

Tous ces mots de « sûreté des personnes et des pro-
propriétés, contribution patriotique », sonnaient merveilleux de sentiments, mais la réalité des faits était
tout autre. Nous avons déjà dit l'émigration des nobles
et la vente de leurs terres, les biens de l'Eglise ne furent pas mieux respectés.

Pour combler le déficit produit dans les ressources de
l'Etat par tant de bouleversements, l'Assemblée nationale s'empara de tous les biens ecclésiastiques. La loi
de Séparation de 1905 n'a donc fait que copier le vol de
la Révolution. Mais, de même qu'à la Constituante,
l'archevêque d'Aix avait déclaré : « Vous pouvez nous
ravir nos biens, nous ne vous les donnons pas. », de
même, l'Eglise, dans toutes les circonstances semblables,
a protesté contre ces spoliations sacrilèges. Nous allons
énumérer toutes ces ventes et les acquéreurs [1]. Tout
était vendu au district de Lusignan.

Le 31 mai 1791, L. Tribert achète 14.700 livres la maison seigneuriale du chapitre de Saint-Hilaire — actuellement, maison de M. Bournier — la grange dîmière,
deux cours touchant le presbytère, et le pré des Naides,
près le moulin de Crieuil.

Les terres dépendant du Chapitre, estimées par Pierre
Tilleux et le sieur Vantage, experts désignés par le dis-
trict, 154.554 livres, vendues également au sieur Tribert.
Ce Tribert était précisément fermier de Saint-Hilaire et

1. -- Registre de la contribution patriotique de Rouillé.
2. — Papiers du district de Lusignan et Archives de la Vienne.
Vente des biens nationaux, liasse 33, catalogue des biens nationaux de Rouillé.

maire de Rouillé. L'acte de vente porte le nom des villages où les chanoines avaient des terres, au total 8.208 boisselées, tant à Rouillé que sur les communes voisines. Le tout fut vendu 172.254 livres et payé en assignats, c'est-à-dire en papier monnaie d'aucune valeur. Cette vente de biens fut vraiment un gaspillage, sans aucun profit pour l'Etat.

Vente d'un pré appartenant à la cure, situé au bourg, acheté par Pierre Garnier, 3.625 livres.

Vente d'un autre pré à Crieuil et d'une pièce de terre de labour, dans la plaine du Paradis, plus une autre pièce de terre dans la plaine de Chavagné, le tout acheté par Pierre Renoux, 1.420 livres.

Vente d'une rente de 120 livres sur une métairie de la Garnaudière, achetée 648 livres par Lazare Vierfond.

Vente d'une autre pièce de terre, dans la plaine de Chaudée, plus une autre pièce dans la plaine de Nabinaux, achetées par Autain 2.800 livres 15 sols.

Vente d'une pièce de terre dépendant de la chapelle des Chicard, rachetée par M. Brunet, curé, pour 187 livres ; plus un bois pour 190 livres ; ces deux terres près le bourg de Rouillé.

Biens volés à l'Eglise ne profitent jamais à son acquéreur. Ceci arriva principalement à Tribert.

Malgré toutes ces calamités, les offices religieux ont lieu régulièrement à l'église ; tous les dimanches, la grand'messe est chantée par M. l'abbé Brunet.

Le maître d'école est toujours Pierre Renoux. Le 1er novembre, il demande au Conseil de continuer à faire la classe, et présente son titre qui l'autorisait à tenir son école et à recevoir les émoluments ; ce titre consiste dans une ordonnance de Mgr Beaupoil de Saint-Aulaire, évêque de Poitiers. Il exerçait dans cette commune depuis 1787, et avait été payé par l'évêque jusqu'au 1er janvier 1791[1]. Tout bien considéré, le conseil décide de le payer le même prix que l'évêque, 160 livres par an, après qu'il aura prêté le serment civique.

1. — Ce qui confirme notre thèse, qu'avant la Révolution, l'Eglise seule s'occupa de l'instruction du peuple.

Cet instituteur donne sa démission le 8 décembre 1792, et le conseil, pour le remplacer, nomme Jean Moreau, sacristain, qui y reste jusqu'en 1794., Voici à quoi s'engage l'instituteur : « Faire l'école aux garçons et aux filles, leur apprendre la lecture, l'écriture, l'arithmétique, la prière, le catéchisme, et de veiller au bon ordre de la dite classe ». Le 26 floréal an III (1794), Louis Hachette est nommé instituteur. Il a son brevet, signé de la commission d'instruction publique de Lusignan, qui a remplacé la commission épiscopale. Or, d'après la loi du 27 brumaire de la même année, qui dit que tous les presbytères des communes de la République, qui n'ont pas été vendus, seront à la disposition des dites communes pour y installer une école et y loger l'instituteur, Hachette s'installe à la cure que M. Brunet a quittée ; il fait sa classe dans « la chambre haute ». Le conseil lui prescrit de recevoir les enfants à partir de dix ans ; les heures des classes sont : le matin, de 8 heures à 11 heures, le soir, de 2 heures à 4 heures.

En 1791, le dimanche qui suivit la Saint Martin, eurent lieu de nouvelles élections ; Jean Cousin fut élu maire à la place de Tribert, et Métayer remplaça M. Brunet comme procureur syndic.

§ III

1792. — Deux habitants de Rouillé reçus par Danton. — Registres paroissiaux transférés à la mairie.

Le chapitre de Saint-Hilaire, dépouillé de tous ses biens par la Constitution de 1791, demanda au commencement de l'année 1792, à tous ses fermiers, de lui payer encore le droit de terrage. Ce fut assez pour susciter un mouvement de révolte. Le conseil se réunit, et deux habitants, Louis Nioche et Etienne Rivault, partent pour Paris, délégués par la commune. Ils furent admis à la barre de l'Assemblée législative, le 16 août 1792. Là, ils exposent leurs plaintes au sujet des dîmes et droits de terrage demandés par ces Messieurs de Saint-Hilaire, et abolis par les décrets. Ils eurent gain de cause. En conséquence, il leur fut délivré une pièce authentique[1]. Je l'ai eue entre les mains. A côté du cachet du roi Louis XVI, il y a la signature de Danton. Je ne pus réprimer un mouvement d'épouvante et de répulsion, en voyant l'écriture de ce personnage qui envoya à l'échafaud tant de victimes innocentes, prêtres, nobles, femmes, et même des enfants.

La division la plus complète règne dans la paroisse entre révolutionnaires et aristocrates. Ainsi, le 12 août, François Rivault, Jacques Moreau et Clément Plas, revenaient de Lusignan, lorsque, en face de la Niortaire, ils rencontrent un nommé Girard. Ils le somment de déclarer, s'il est patriote ou aristocrate, et ils se battent ; ils tirent même un coup de fusil.

Sur la place de l'église, tous les dimanches, Jacques Moreau et Chaussac, exercent les jeunes gens aux armes, pour la levée des recrues destinées aux armées républicaines.

Au mois de novembre, arrivent les élections : Pierre Renoux, maire, Vierfond, procureur.

Auparavant, le 30 septembre, le conseil s'était rendu à la grande porte de l'église, à l'issue de la messe paroissiale, pour recevoir un nouveau serment civique de M. Brunet, curé. En voici le texte : « Je jure d'être fidèle à la nation, de maintenir de tout mon pouvoir la liberté et l'égalité, ou de mourir à mon poste. ».

Un peu plus tard, le 11 décembre, sur un décret de l'Assemblée nationale, qui ordonnait le transfert de l'état civil à la mairie, le conseil municipal se rend à la cure pour s'emparer des registres paroissiaux, qui, jusqu'ici, seuls, formaient l'état civil. M. le Curé avait déposé, dans une chambre, près la cuisine, dit le procès-verbal, tous ses registres ; les premiers cahiers portaient le titre de « papiers baptistaires », et le plus ancien remontait à 1659. Le maire prit le tout, et, pour la pre-

---

1. — *Archives de la Vienne*, E. 6, 6.

mière fois, apparaît le nouveau calendrier, « l'an 1er de la République ».

§ IV

1793-1794. — Perquisitions domiciliaires. — Eglise devenue temple de la Raison. — Suppression du dimanche.

1793 ! C'est l'année rouge du sang de tant de malheureuses victimes, l'année de la tyrannie et des perquisitions domiciliaires.

A Rouillé, elle s'ouvre par la nomination d'un nouveau commandant de la Garde nationale, qui sera chargé de la hideuse besogne de fouiller les particuliers. Renoux avait succédé à de Moysen dans cette fonction, à son tour il est remplacé par Louis Bruneteau.

De suite l'on va perquisitionner chez les personnes que l'on ne croit pas assez républicaines. Le 16 avril, visite domiciliaire du conseil accompagné de deux soldats, chez la nommée Marquisière, vieille domestique des de Vasselot du Châtaignier. On y trouve deux vieux fusils, puis des papiers, des parchemins ; le tout est déposé à la chambre commune. Cette pauvre femme — son crime était si grand, être restée fidèle à ses maîtres — fut envoyée en prison. J'ai trouvé son nom au livre d'écrou, du dépôt du palais, le 16 avril 1793. Donc, elle fut emmenée le même jour[1]. Un peu plus tard, le 21 thermidor, j'y ai vu l'entrée de Marquisier âgé de 43 ans, ce devait être son mari.

Le 9 avril, visite domiciliaire à Sougoux, chez Pierre Guillon. Les de Vasselot en partant, lui avaient confié vingt brebis ; le conseil s'en empare et Guillon « fut châtié selon la loi », dit le procès-verbal, c'est-à-dire la prison.

1.— *Archives de la Vienne*, Livre d'entrées et sorties des prisons de Poitiers pendant la Révolution.

Le 18 avril, visite domiciliaire à l'Augerie, on y trouve
six fusils, dont l'un à baïonnette, deux sabres et une
épée ; le tout transporté à la maison commune.

Nous ne croyons pas qu'un habitant de Rouillé
ait été guillotiné,nous ne connaissons,dans le canton,que
M. l'abbé Antoine Galletier, 52 ans, saint curé de Curzay, qui ne voulut jamais prêter le serment exigé. Il fut
arrêté et conduit le 9 avril 1793 à la prison de la Visita-
tion à Poitiers [1]. Il fut guillotiné sur la place du Pilori [2],
où la guillotine d'ailleurs était installée à demeure et où
plus de 50 victimes tombèrent. Ce chiffre m'a été donné
par M. Salliard qui prépare un travail sur les prisons de
Poitiers pendant la Révolution.

Malgré tout, à l'église le culte continue toujours d'être
exercé jusqu'au 16 juin 1793, par Brunet, prêtre assermenté. Et le 25 frimaire (décembre) 1793, il dépose à la
chambre commune, toute l'argenterie de l'église, « pour
le prix être versé à la nation » ; « voulant, dit-il, donner
en toutes circonstances des preuves de son civisme ».
Le détail des objets s'y trouve : un soleil, un ciboire, un
calice et sa patène, (pourtant il ne remettra ce calice et
cette patène, que lorsqu'il en aura trouvé un autre pour
dire la messe), un ornement et deux dalmatiques,complet
blanc, enrichi de broderies d'or et d'argent, un devant
d'autel avec des broderies or et argent.

Et lorsque le décret du 10 novembre, abolissant la
religion catholique, et établissant le culte de la Raison,
avait été publié à Rouillé, Brunet avait déclaré ne plus
vouloir désormais remplir son ministère sacerdotal. Il
fut obligé de quitter la soutane et devint un cultivateur,
forçant le respect de ses concitoyens comme nous le
verrons plus loin. Ce prêtre était d'un caractère lent et
bon, mais sans grande énergie. Lorsque éclatèrent les
premières menées révolutionnaires, pris de peur et pour
éviter tout ennui, il ne baptisait plus les enfants [3].

1. — *Archives de la Vienne*, C. 54.
2. — Archives de l'Evêché de Poitiers, registre de 1793.
3. — Archives de l'Evêché, registre de 1793.

Le 13 pluviose, an II, il se rend à Lusignan, et là, il remet aux représentants du district ses lettres de prêtrise.

Brunet resta à Rouillé jusqu'en 1803. Lorsque la paix fut revenue en France, et que les esprits purent librement juger les faits, ce prêtre, comprenant son erreur, écrivit à Mgr Bailly, une lettre de rétrataction, d'une exquise délicatesse sacerdotale. Nous l'avons eue en main, elle nous a profondément édifié. Aussi, le 5 mars, lors de la reconstitution du diocèse, il recevait une lettre de communion de l'Evêché, et le deux avril, il était nommé curé de Rouillé par Mgr l'évêque de Meaux, administrateur du diocèse de Poitiers.

Le 29 germinal, an XII (avril 1803), il se rendait à la Préfecture, pour prêter le serment demandé par la loi du 18 germinal, an X (le concordat de 1801). « Je jure et promets à Dieu, sur les saints évangiles, de garder obéissance et fidélité au gouvernement établi par la constitution de la République française. Je promets aussi de n'avoir aucune intelligence, de n'assister à aucun conseil, de n'entretenir aucune ligue soit au dedans soit au dehors, qui soit contraire à la tranquillité publique, et si, dans ce diocèse où ailleurs, j'apprends qu'il se trame quelque chose au préjudice de l'Etat, je le ferai savoir au gouvernement. Signé : BRUNET [1]. »

Nous nous étendrons plus loin sur ce serment qui n'avait rien d'opposé à la religion, et avait été approuvé par le Pape lors de la signature du concordat. Nous avons même trouvé dans cette même liasse, le serment du Vénérable P. Fournet, fondateur des Religieuses de la Puye, et nommé curé de Maillé, le 16 messidor, an II (juillet 1803).

Cette même année, 1803, après avoir mené une vie pleine d'orage, il rendait son âme à Dieu, à Rouillé, à l'âge de 61 ans, entièrement réconcilié avec l'Eglise.

Donc, depuis novembre 1793, Rouillé n'a plus de curé. Les vieillards ont toujours raconté, que les familles chrétiennes, la nuit, portaient leurs enfants à baptiser

---

1. -- *Archives de la Vienne*, v. 1, 1.

à l'Augerie. Un prêtre, non assermenté, y célébrait les saints offices dans les souterrains. Nous le croyons, et ce prêtre était M. l'abbé Alexandre, dont nous parlerons plus loin. Un registre de l'Evêché, de 1797, le porte à cette date curé de Rouillé[1].

Sitôt que le nouveau culte de la déesse Raison fut proclamé à Rouillé, le conseil se rendit à l'église, et s'empara des ornements et des linges qui furent déposés à la maison commune.

Nous n'avons pu trouver le nom de la fille ou femme, qui symbolisa la déesse Raison, mais ce qui est officiellement consigné dans les procès-verbaux, c'est la cérémonie de ce nouveau culte, dans notre église qui est appelée « le temple de la Raison, ci-devant église ».

Ce fut en même temps, le local des réunions révolutionnaires. Au dernier décadi de pluviôse, on y désigna un comité de surveillance des suspects, composé de 12 membres surnommés « les sans-culotte. » Voici leurs noms : Pierre Cousin, de la Sauvagère ; Jacques, du bourg ; Lazare Vierfond, du bourg ; Louis Hachette, du bourg ; Joseph Couteau, du bourg ; Louis Chevalier, de Champlieu ; Louis Pothet ; Pierre Barricault, du Grand-Breuil ; Jean Guitton, de Venours ; Louis Guitton, des Chaumes ; Pierre Delavault, du Moulin de Crieuil ; Louis Chauvineau, cabaretier, du bourg.

Cette religion, inventée par Robespierre, n'était point du goût de la population, puisque le 1er messidor an II, (1794), deux commissaires sont désignés pour préparer les habitants à la suppression des dimanches et à l'inauguration des décadi. Le jour de décadi, en effet, il n'y avait pas de messe, mais instruction publique, et ceux qui n'y assistaient pas, étaient regardés comme des suspects[2].

A Lusignan, il y eut de grandes fêtes à cette occasion. Le 25 brumaire, toutes les communes du district y sont invitées, et on brûle, dans la cour de la maison com-

---

1. — *Archives de l'Evêché, état du clergé poitevin en 1797.*

2. — Papiers du district de Lusignan, 1794.

mune, au pied de l'arbre de la liberté, tous les titres, papiers, parchemins, se rapportant à la féodalité. Voilà pourquoi bien des archives concernant Rouillé sont perdues à jamais.

Le 14 pluviôse, toujours à Lusignan, fut célébré le culte de l'Etre Suprême, devant les délégués de toutes les communes.

Avec toutes ces démonstrations, c'était le désarroi le plus complet, la misère la plus atroce, puisque tous les jours arrivent des ordres de réquisition de blé, d'avoine, de bœufs, de cochons, que les malheureux paysans terrorisés étaient obligés de conduire à l'endroit indiqué. Un jour, un nommé Dupuis, des Lambertières, ayant préféré vendre 100 boisseaux d'avoine, à Ingrand, de Lusignan, pour 300 livres en numéraire, plutôt que de les céder à deux commissaires, pour 600 livres en assignats, fut poursuivi et condamné.

D'autre part, le comité de surveillance met la main sur tout ce qu'il peut. Le 3 floréal, il porte à Lusignan les cordes des cloches pour être envoyées à la marine ; le 6 floréal il y fait transporter les cloches pour être fondues. Cette fois-ci, de notre église, il ne reste plus que les quatre murs. Il recueille également les dons patriotiques pour les armées qui se battent à la frontière et les dépose à Lusignan ; en dehors de dons en nature, on avait reçu, dans tout le district, 316 livres 16 sols en numéraire et 984 livres en assignats (24 pluviôse an II) [1].

On a supprimé tous les noms de saints, nous faisons partie maintenant du canton de *Sauvant*. A la folie antireligieuse, se mêlent la haîne et l'esprit de vengeance entre citoyens. Tribert, l'ancien maire de Rouillé et son frère, également maire de Lusignan, sont accusés comme suspects par Chauvet, représentant du peuple. Ils sont arrêtés à leur domicile. Tribert, de Rouillé, 46 ans, et sa femme, le 18 pluviôse an II, sont conduits

1. -- Parmi les dons en nature, j'ai lu toutes sortes d'articles : chaussures, boucles d'oreilles, couteaux, agrafes, etc.

à Poitiers, à l'évêché, transformé en prison, ils sont mis
en liberté le 10 fructidor[1].

En confisquant les biens du clergé, l'Assemblée nationale avait par là-même supprimé toutes les ressources destinées aux pauvres. La Convention vota alors
10 millions pour venir en aide aux malheureux. Rouillé
toucha 792 livres, le 1er germinal. Tout était payé en
assignats, papier-monnaie d'aucune valeur, qui, sous le
Directoire, devait amener la banqueroute.

§ V

1795-1800. — Fin de la Révolution.
Premier ministre protestant à Rouillé

L'Eglise étant désaffectée, le conseil municipal s'empare aussi du presbytère, y installe une école et y loge
l'instituteur. Le 26 floréal 1795, en effet, Louis Hachette
est nommé maître d'école, il l'habite.

Le dégoût de la Révolution et de ses orgies, commence
à apparaître. On sent que le peuple en a assez, et qu'il
entend revenir à ses anciennes habitudes. Aussi, à
partir de 1795, nous avons beaucoup moins de détails
sur ce qui se passe à Rouillé. Très peu de délibérations
du conseil nous sont parvenues. On perçoit la lassitude
et l'amour de la tranquillité. La Convention le comprend et, après la mort de Robespierre, voulant faire
oublier toutes ses infamies, elle édicte la liberté des
cultes, le 11 prairial. Le mois suivant, le 1er messidor
1795, Jean Marteau, domicilié à Champ-le-Roi, ministre
du culte protestant, demande au conseil l'autorisation
de remplir ses fonctions dans la commune. Le conseil
accepte : « Il fera son culte le dimanche (vieux style),
à 10 heures du matin. Auparavant, il devra prononcer
le serment de civisme : « *Je reconnais que l'universalité*

---

1. -- Livre d'écrou des prisons de Poitiers pendant la Révolution. *Archives de la Vienne.*

des citoyens français est le souverain, et je promets sou-
mission et obéissance aux lois de la République ».

A notre connaissance, il est le premier ministre protestant résidant officiellement à Rouillé. Quatre mois
après, le 15 frimaire, il sollicite du conseil l'autorisation
de célébrer ses cérémonies dans notre église, ce qui est
accepté. Les catholiques ont perdu leur église, ils n'ont
plus de curé également. M. Brunet, qui habite toujours
Rouillé, en effet, vient déclarer, le 15 messidor an VI
(1797), qu'il n'a point rétracté ses serments et qu'il est
toujours soumis aux lois de la République. Cette démarche était faite, sans doute, pour obéir aux fauteurs du
coup d'Etat, du 4 septembre 1797, qui avait remonté
l'échafaud pour les nobles et les prêtres.

Durant ce temps, le saint prêtre, dont nous avons déjà
parlé, M. l'abbé Alexandre, desservait, comme il le
pouvait, les deux paroisses de Curzay et de Rouillé. Il
n'avait chez nous ni église, ni presbytère.

Avec le coup d'Etat du 18 brumaire 1799, Bonaparte
devient premier consul. Le 13 septembre, il publie une
nouvelle constitution pour la France. La liberté semblait revenir.

De nouvelles élections ont lieu à Rouillé. Tribert est
élu maire. Plus de réunions tumultueuses, la vie administrative renaît, et le XIXᵉ siècle, qui s'ouvre, va faire
oublier tant d'horreurs et de ruines.

CHAPITRE XI

Le XIXᵉ Siècle (1800–1830)

Lorsque parut le génie triomphateur, enfin maître de la Révolution, Napoléon Bonaparte, une sensation de soulagement et de résurrection courut sur notre sol. C'est de toutes parts un effort considérable pour sortir de la débâcle et de la misère. Les événements qui vont suivre en sont un témoignage.

§ I

L'Empire, les Cent-Jours, la Restauration.
Les maires de Rouillé

En 1800, Tribert est maire, il y reste jusqu'en 1803, alors reparaît encore une fois, Pierre Renoux. Les réunions du conseil se font au presbytère, où, déjà, loge l'instituteur, Jean Moreau, ancien sacristain, et où il fait la classe.

En 1808, renouvellement du conseil ; Pierre Renoux est encore maire aux cris de « Vive l'Empereur ! ».

Le retour de Louis XVIII, à la chute de Napoléon, fut accueilli sans enthousiasme, l'esprit révolutionnaire était trop ancré pour disparaître de sitôt.

Aux Cent-Jours, le 21 juin 1815, trois jours après le désastre de Waterloo, le délégué de la préfecture vint à Rouillé, installer comme maire, Pierre Garnier, qui prêta le serment de fidélité à l'empereur et aux lois de l'empire.

En 1817, Vierfond est maire. Il eut à dresser, en 1820, un rôle des dégats énormes causés par la grêle, les 4 et 5 juillet 1819.

Ces quelques années de paix, n'avaient point déraciné des esprits les idées et les principes de 93 et, lorsque en 1821, on recueillait dans toute la France des offrandes à la naissance du duc de Bordeaux, Rouillé ne versa absolument rien. En 1824, Vierfond donne sa démission. Pierre Renoux lui succède et, immédiatement, il s'occupe de rétablir à Rouillé les foires détruites pendant la Révolution. Mais il meurt en 1825, et est remplacé par Pierre Vierfond, aux cris de « Vive le Roi ! » Il y reste jusqu'à la Révolution de 1830,

§ II

Nombreux curés qui se succèdent.
L'église devenue temple protestant.
M. l'abbé Alexandre

L'Assemblée nationale avait effacé les anciennes divisions de la France. Elle avait établi les cantons selon l'étendue des justices de paix, et nous faisions partie du canton de Saint-Sauvant ; la nouvelle constitution de Bonaparte, modifia un peu ce partage, et nous fûmes rattachés au canton de Lusignan. L'Eglise de France accepta cette nouvelle combinaison, au point de vue religieux. Le prêtre du chef-lieu de canton fut doyen, et les communes en dépendant, furent des succursales. Aussi, désormais, Rouillé ne fait plus partie de l'archiprêtré d'Exoudun, comme avant la Révolution, mais du doyenné de Lusignan, et de l'archiprêtré de Saint Pierre de Poitiers.

En 1800, il n'y a plus, à Rouillé, ni curé, ni presbytère ; de l'église, il ne reste que les murs. M. l'abbé Alexandre, curé de Curzay, continue son ministère de la Terreur et, lorsque le besoin est, il vient donner les sacrements dans les maisons. Les fidèles qui veulent accomplir leurs devoirs, vont à Saint-Sauvant ou à Lusignan. Les registres de baptêmes de Lusignan, de

1801, 1802, 1803 — les seuls que nous ayons dans tout le canton pour ces premières années du xix⁰ siècle — contiennent beaucoup de baptêmes et de mariages de catholiques habitant Rouillé [1].

En 1802, M. *Berrué,* curé de Jazeneuil, vient également faire du ministère ici. La pénurie de prêtres, au lendemain de la Révolution, obligeait, en effet, les curés, à desservir plusieurs paroisses à la fois.

En 1803, M. l'abbé *Doazan,* est nommé curé. Le 13 janvier 1803, fut célébrée, à la cathédrale de Poitiers, une imposante cérémonie qui effaçait tout un passé plus ou moins coupable, et créait un avenir, plein d'espoirs religieux. Tous les prêtres des environs de Poitiers — ils étaient 108, et parmi eux M. Doazan — étaient réunis dans l'antique église Saint-Pierre. Le préfet de la Vienne y assistait. C'était, en quelque sorte, la revue d'honneur de tous ces saints prêtres échappés à la Révolution, ou des assermentés ayant rétracté leurs erreurs. Tous prêtèrent, entre les mains de Mgr Bailly, le serment de fidélité exigé par le Concordat, puis, ils partirent à leurs postes [2].

M. l'abbé Doazan était un ancien religieux minime de Poitiers. Ayant refusé de prêter les serments exigés, il avait été arrêté et condamné par le tribunal révolutionnaire à la déportation. Avec plusieurs autres prêtres, il avait été conduit aux pontons de Rochefort. Il revenait précisément, curé d'une paroisse qu'il avait dû traverser enchaîné, durant ce triste voyage, soit à pied, soit en charrette. Le chemin suivi, en effet, par la caravane des déportés était : Poitiers, Niort, Rochefort [3]; précisément, Rouillé est placé sur cette route. L'abbé Doazan revint à Poitiers en 1799, lors de la promulgation de la Constitution de l'an VIII, par laquelle, Bonaparte rouvrait les églises et rappelait les prêtres détenus ou exi-

1. — Archives de l'Evêché.
2. — *Archives de la Vienne.* V. 1, 1. — Nous avons donné ce serment. p.117. Il avait été approuvé par le Pape.
3. — Notes de M. Saillard.

lés [1]. C'est une gloire et une bénédiction pour les habitants de Rouillé, d'avoir eu à leur tête, pendant quelque temps, un curé qui avait préféré endurer les horreurs des pontons de Rochefort, plutôt que de trahir sa religion et son Dieu.

Le 5 mars 1803, Mgr Bailly, nommait M. Brunet, curé de Rouillé, à la place de M. Doazan.

Après la mort de M. Brunet, M. Doazan revint à Rouillé. Il y est nommé le 10 février 1804, par Monseigneur de Barral, évêque de Meaux, administrateur du diocèse de Poitiers. C'est alors que fut restitué à l'église, par décret du 9 thermidor an XI (1803), le champ du Serpentin, qui, avant la Révolution, faisait partie des biens de la fabrique, et n'avait point été aliéné. Ce champ, d'une contenance de 96 ares environ, est demeuré propriété de l'église jusqu'en 1905, où, par la loi de Séparation des Eglises et de l'Etat, il nous fut volé. Il a été vendu en 1911, et l'acquéreur, pour ne pas encourir d'excommunication, avait sollicité toute autorisation pour cet achat.

Auparavant, le 27 juillet 1803, Napoléon signait le décret réorganisant les paroisses du diocèse de Poitiers, contresigné par Mgr Bailly. Rouillé y est mentionné et, sur le registre particulier de Mgr Bailly, plusieurs prêtres sont nommés comme desservants, M. Bonnet, curé de Saint-Sauvant, M. Alexandre......[2].

Nous ignorons combien de temps le vénéré M. Doazan resta parmi nous. Cette même année 1804, nous trouvons, en effet, curé de Rouillé, M. *Touzalin*, qui est en même temps curé de Vivonne [3]. En 1807, M. *Millet* fait le service. Aucun de ces prêtres ne réside à la cure, puisqu'elle sert toujours d'école, pas plus qu'ils ne peu-

1. — *Archives de la Vienne*. V.. 6, 1. — Archives de l'Evêché, registre découvert par M. l'archiprêtre des Sables-d'Olonne et remis à l'Evêché de Poitiers en 1902. — Un autre exemplaire existait déjà à l'Evêché.

2. — Archives de l'Evêché.

3. — Vivonne est à 18 kilomètres de Rouillé. Comme on voit bien la pénurie de prêtres ! Nous ne pouvons nous imaginer toutes les fatigues de ces premiers apôtres.

vent célébrer les saints offices dans l'église, devenue temple protestant.

Nous nous réservons, dans un chapitre ultérieur, de narrer toutes les péripéties de cette lutte du consistoire, pour s'emparer de notre église. Il nous suffit, ici, d'indiquer que, de 1798 à 1801, elle fut temple protestant ; en 1801, ce nouveau culte ne s'y célèbre point pendant 18 mois, mais il recommence après ce laps de temps. Puis, jusqu'en 1813, malgré les demandes de l'autorité épiscopale, malgré les décisions préfectorales et ministérielles, le consistoire et les pasteurs y régnent en maîtres, y font leur culte et leurs réunions[1]. C'est la violation impudente de tout un passé catholique et des droits les plus sacrés ; le seul argument fourni par les protestants, je le trouve dans une lettre écrite au Ministre de l'Intérieur, par Poinet, président du consistoire :

« Considérant que les protestants qui forment la grande majorité de la population ont exercé et exercent encore sans contradiction leur culte dans cette église.....

Comme il y a lieu de présumer que jamais le culte catholique ne prévaudra dans cette commune, soit pour réparer l'église, soit pour entretenir le prêtre, mais que les catholiques de Rouillé se réuniront soit à Saint-Sauvant, soit à Lusignan, réunion qui existe déjà, on demande que M. le Ministre de l'Intérieur force l'évêque à abandonner l'église au consistoire.

Rouillé, 1er octobre 1806.

POINET.

O ma vieille église, que tu m'es donc chère et que tes catholiques doivent t'aimer ! Tu as connu toutes les gloires et subi tous les martyres ! Tu as été dévastée lors des pillages des guerres de religion, tu as été transformée en temple de la déesse Raison, et tu en as vu toutes les orgies ! Tes voûtes ont retenti des prêches de l'hérésie

---

1. — Correspondance administrative du consistoire de Rouillé.

de Calvin, puisque l'on t'avait convertie en temple protestant ! Oh ! si tes murs pouvaient parler ! Qu'importe, tant de souvenirs et tant de persécutions ont fait de toi une relique vénérée de tous, et un patrimoine sacré désormais inviolable !

Avec de semblables difficultés, il était impossible d'organiser la paroisse. En effet, en 1804, lorsque Mgr de Barral, administrateur du diocèse, ordonne, selon les principes du Concordat, la nomination des fabriciens, rien ne fut fait à Rouillé. Le registre qui contient les nominations pour toutes les paroisses du diocèse, ne donne aucun nom pour la nôtre.

Il est donc évident que les prêtres qui, nombreux, se succédèrent ici, conféraient les sacrements dans les maisons, ou bien les fidèles se rendaient aux églises voisines. Parfois, aussi, les anciennes chapelles des châteaux servaient pour la messe. Nons avons plusieurs certificats de publications de mariage ainsi libellés : « Après les publications faites au prône de la messe paroissiale en la chapelle de Venours » Signé, BONNET, curé.

Lorsqu'en 1806, parut le décret impérial statuant que les presbytères, non vendus pendant la Révolution, devaient revenir aux fabriques, l'instituteur qui, chez nous, y faisait sa classe, dut le quitter. Le conseil, qui y tenait également ses séances, dut chercher asile ailleurs. Ce qui n'eut point lieu de suite, pourtant. En 1808, M. Renoux, maire, commande des réparations à la cure, toujours occupée par le maître d'école. Ce changement n'eut lieu qu'en 1811.

Le 28 octobre, en effet, Mgr l'évêque écrit au préfet que, de concert avec le maire, malgré l'opposition de la minorité protestante du conseil, il a fait restaurer église et presbytère, et qu'il y nomme M. l'abbé *Bonnet*, ancien archiprêtre de Bouin [1].

Toutes ces démarches n'obtinrent point les résultats

1. — *Archives de la Vienne*, V. 6, 2. Bouin, canton de Chef-Boutonne (Deux-Sèvres).

attendus, car l'église est toujours utilisée au culte protestant, et M. Bonnet, dit la messe, le dimanche, à la chapelle de Venours. En 1813, enfin, après ce long conflit, notre chère église est rendue, et dans quel état, à sa première destination, on y célèbre les cérémonies catholiques.

En 1817, M. *Babin*, curé de Curzay, et y résidant, dessert en même temps Rouillé. Il s'occupe de mettre à l'église les objets du culte les plus indispensables. D'accord avec M. Vierfond, maire, il achète « une nappe d'autel, un marbre d'autel, divers ornements et linges pour la messe, plus un petit ostensoir ». Il emploie également 100 francs aux réparations de l'église les plus urgentes. M. le Maire dresse, en outre, un devis de 1000 francs, et les travaux furent exécutés immédiatement [1].

Les catholiques demandent alors un curé qui réside au milieu d'eux, et le 12 juin 1821, Mgr de Bouillé s'arrête à Rouillé, visite l'église et le presbytère, accompagné par M. Vierfond, maire, et lui promet un curé d'ici peu [2].

Pour relever cette paroisse qui avait tant souffert, l'évêque envoie, en 1823, ce prêtre au grand cœur, cet apôtre, que nous avons déjà vu à l'œuvre, M. l'abbé Alexandre. Il est en même temps desservant de Benassais, et les premiers registres paroissiaux que nous avons depuis la Révolution, sont de 1823 et signés Alexandre, desservant de Benassais et de Rouillé.

Ce prêtre était tout jeune lorsqu'éclata la tourmente révolutionnaire. N'ayant jamais voulu prêter les serments de la Convention, il se cacha dans les paroisses de Rouillé, Curzay, Jazeneuil où, la nuit, il célébrait les saints offices ; les fidèles, prévenus en cachette, y assistaient. En 1797, sa présence est signalée parmi nous, par une pièce authentique de l'évêché de Poitiers. De 1823 à 1828, il est officiellement curé de Rouillé, où il

1. — *Archives de la Vienne*. V. 6, 1.
2. -- Id.

réhabilite beaucoup d'unions contractées civilement pendant les jours de la Révolution ; en 1824, il bénit ainsi 16 mariages. Pourtant, la population catholique est bien minime, puisqu'il ne fait, cette année, que 14 baptêmes, ce qui atteste 500 catholiques à peu près.

Dès son arrivée, il établit un conseil de fabrique ainsi composé : MM. Hachette, Chambardel-Dubreuil, Pouhet, Chauvineau, Chevalier, secrétaire ; et les revenus de la fabrique sont de 18 francs.

Dans l'église, il place des bancs, il rétablit le mois d'Adoration, fixé en mai, « dévotion, dit-il, en grand honneur à Rouillé, avant la Révolution ». Il indique même les différents parcours des processions pour les dimanches de ce mois.

Il continue les réparations au presbytère où il habite quelques jours de la semaine. C'était à cheval, en effet, qu'il remplissait son double ministère, et le dimanche, après avoir dit une première messe à Benassais, il arrivait à Rouillé où les catholiques l'attendaient pour une seconde messe. Lorsqu'en 1827, fatigué par l'âge et la maladie, il dut renoncer à venir ici, et qu'il demeura à Benassais, notre paroisse était à peu près complètement constituée. Les registres paroissiaux, les comptes de fabrique sont parfaitement en ordre ; à l'église, les fidèles assistent pieusement aux cérémonies. Aussi, nous saluons avec reconnaissance la mémoire de ce héros de la foi qui, toujours curé de Benassais, y mourut en 1858, âgé de plus de 90 ans.

Lorsqu'il nous quitte, nous n'avons plus de prêtre attitré, et le vicaire de Lusignan fait l'intérim. A deux fois différentes, le maire, M. Vierlond, fait parvenir à Mgr l'évêque, une lettre accompagnée d'une pétition des catholiques, pour avoir un curé. Aussi, le 1er juin 1828, M. Berrué est-il chargé de cette paroisse, en même temps qu'il est curé de Jazeneuil. Le conseil de fabrique, au nom de la commune, lui alloue 250 francs par an, à charge par lui de venir à Rouillé « dire la messe les dimanches et fêtes, et une fois par semaine, puis, rendre

à la paroisse tous les autres services de son ministère ».
Il s'y conforme jusqu'en 1832.

Lorsqu'éclata la Révolution de 1830, il signa, avec
tout le conseil municipal, la promesse de fidélité à la
nouvelle constitution. Le maire se rendit à la porte de
l'église, le 24 octobre, et tous les conseillers, avec M. le
curé, prêtèrent le serment : « *Je jure fidélité au roi des
Français, obéissance à la charte constitutionnelle et aux
lois du royaume* » [1].

---

1. — Registre de la mairie.

CHAPITRE XII

Le XIXe Siècle (suite) (1830-1870)

Les premières ruines de la Révolution ont disparu, l'ordre renaît avec la confiance et la sécurité, et Rouillé, sous un effort constant, va prendre plus de vie et d'importance dans cette deuxième période.

§ I

Les maires.

Construction de la ligne de chemin de fer

A peine Louis-Philippe était-il arrivé au trône, que notre vieux maire royaliste, Vierfond, donne sa démission. M. Bonin est proposé, il refuse, et le 30 septembre 1830, Pierre Cousin accepte ; à la première séance du conseil, il ceint l'écharpe tricolore. En 1835, il démissionne, Louis Fruchard le remplace, et il sera maire jusqu'en 1846. En 1836, il s'occupe d'une construction d'école, sur un coin de la place. Lorsque la cure, en effet, avait été restituée à ses légitimes occupants, en 1817, les classes avaient été transportées dans une chambre d'une maison du bourg. M. Tilleux avait abandonné ses fonctions d'instituteur, M. Fruchard avait pris sa place en 1833, et il exerce jusqu'en 1845. M. Prioux lui succède alors.

En 1836, M. Fruchard fit réparer le chemin de Saint-Sauvant qui, auparavant, faisait un détour par l'Augerie, et il le traça en ligne droite de Rouillé à Lansonnière.

En 1840, la mairie, installée jusque-là dans une chambre d'une maison du bourg, est transportée à l'école, qui venait d'être achevée, en 1837, et avait coûté 5.428 francs.

La chûte de Louis-Philippe, la proclamation de la deuxième Républiqne, de février 1848, furent accueillies à Rouillé avec transport.

Dès le 25 mars, en effet, le conseil municipal se réunit et, au cris de « Vive la République », hisse le nouveau drapeau tricolore, tandis qu'au dehors, la foule applaudit.

En 1850, M. Fruchard démissionne, et M. Cousin est élu maire. Il n'y reste que deux ans, et le 18 juillet 1852, M. Beauchamp est nommé maire par la préfecture, c'était la conséquence du coup d'Etat du 2 décembre 1851. Celui-ci rendit à la commune un service, pour lequel nous lui devons une très grande reconnaissance. En 1853, en effet, la Compagnie des chemins de fer de Paris-Orléans faisait le tracé de sa ligne Poitiers-Rouillé-Niort-La Rochelle. M. Beauchamp, avec tout le conseil, ne négligea aucune démarche pour obtenir qu'une station soit prévue pour Rouillé, à l'endroit même où elle est actuellement ; nulle place ne convenait mieux aux habitants. Cette ligne fut construite en 1854, 1855 et, en 1856 elle était en pleine exploitation. En 1884, l'Etat, qui venait de créer son réseau, racheta cette ligne à la Compagnie d'Orléans, afin de faciliter son transit de Niort, La Rochelle.

En 1855, M. Bauchamp est à nouveau nommé maire par la préfecture, mais le conseil refuse de siéger. Alors, une commission municipale désignée par le préfet, administre les affaires de la commune jusqu'en 1860.

En 1856, à la naissance du prince impérial, toute cette commission assiste à l'église au *Te Deum* chanté à l'occasion de cet heureux événement.

En 1857, Prioux, toujours instituteur, est révoqué sur la demande du maire, comme remplissant mal ses fonctions. Il a comme successeur, en 1858, M. Rossignol, qui occupera cette charge jusqu'en 1874.

En 1861, M. Thomas Cousin est élu maire. Nous lui devons la création du marché du vendredi, qui date de

1862, et dont l'idée première avait été émise en 1855, par
M. Beauchamp. A cette occasion, pour augmenter le
commerce et protéger marchands et denrées, il entreprend la construction des halles, en 1863; elles coûtèrent
2.448 francs, et la somme fut entièrement recueillie par
souscription, dans la commune.

Depuis longtemps déjà, il existait deux foires à Rouillé,
le deuxième vendredi de décembre et janvier : elles
avaient été mal fixées, à cette saison de mauvais temps,
aussi, en 1864, M. Cousin les fit reporter aux deuxièmes
vendredis de mars et d'avril; un peu plus tard, fut
ajoutée celle du deuxième vendredi de février.

C'est aussi à lui que nous devons ce magnifique
réseau de chemins vicinaux dont est dotée la commune,
et auquel M. Guitton, les années suivantes, devait con-
sacrer tous ses soins.

§ II

Premiers curés résidant à Rouillé

M. Berrué continue jusqu'en 1832 à diriger la paroisse.
Ayant à s'occuper également de Jazeneuil, il est souvent
aidé dans son ministère, par M. l'abbé Maria, vicaire de
Lusignan.

Le 1er juin 1832, M. Fradin, doyen de Lusignan, vient
installer à la cure de Rouillé, M. l'abbé *Touzalin*, qui
est le premier curé résidant d'une façon continuelle,
depuis la Révolution, malheureusement, il n'y reste que
cinq ans.

De 1837 à 1838, M. l'abbé *Millet* est curé. Sous son
administration eut lieu une discussion assez épineuse,
entre le conseil de fabrique et le consistoire, dont le
temple touchait la cour de la cure. Le conseil presbytéral demandait à la fabrique de lui céder la partie de la
cour qui séparait la façade du temple de la grand'route.
La fabrique acceptait en principe, moyennant certaines
conditions qui ne furent point consenties. Le conseil

municipal, arguant d'un décret de 1838, qui déclarait les les églises et presbytères d'origine nationale, désormais propriété définitive des communes, voulait forcer la fabrique à se rendre aux exigences du consistoire. Celle-ci s'y opposa formellement, heureusement d'ailleurs, car cette proximité du temple à côté de l'église n'était pas sans inconvénient. Déjà, en 1831, M. le pasteur Souché avait formé le projet d'ouvrir dans le temple, une fenêtre qui aurait vue sur la petite ruelle qui le séparait de l'église. M. Berrué s'y était opposé, répondant avec raison que « le chantre du culte protestant se faisait déjà entendre dans l'église, ce qui ne pouvait que gêner les deux cultes ».

En 1839, M. l'abbé *Rousset* est curé. Le conseil de fabrique eut encore à discuter les prétentions du consistoire, qui n'aboutirent point. Durant les sept ans que ce prêtre fut à la tête des catholiques de Rouillé, il essuya maints refus de la part du conseil municipal — dont 20 membres sur 21 étaient protestants, — tant pour l'entretien de l'église et du presbytère, que pour les frais de culte. Presque toujours la préfecture inscrivait d'office au budget les secours sollicités.

En 1846, arrive un prêtre dont les anciens se rappellent encore fort bien de nos jours, M. *Lepetit*. Nous avons de lui, daté de 1852, un état de catholicité de la paroisse ; sur 2.600 habitants, il comptait 700 catholiques. C'était également le chiffre que M. l'abbé Lhémeau indiquait, en 1860, dans un rapport à Mgr Pie [1]. Zélé, très charitable, il jouissait de la sympathie générale, puisqu'en 1860, lorsque Mgr Pie le nomma curé d'Archigny, une pétition, couverte de signatures, et dont le promoteur était le maire, M. Bauchamp, fut présentée à l'évêché pour le garder.

Le 5 novembre 1856, Mgr Pie bénissait, à Rouillé, une cloche, dont le parrain était M. Sitton, et la marraine, Mademoiselle Dauvilliers ; ce même jour, sa Grandeur y donnait la confirmation.

---

1. -- De 1846 à 1856, la moyenne des baptêmes est de 23.

En avril 1860, M. Lhémeau succède à M. Lepetit, et, à son tour, le 1ᵉʳ janvier 1861, il est remplacé par M. l'abbé Gazeau. Celui-ci ne fit également que passer parmi nous ; il meurt le 16 mai 1863 et est enterré au cimetière de Rouillé.

CHAPITRE XIII

1870-1900. — Proclamation de la République.
Les écoles en 1871.

Au lendemain du désastre de Sedan, lorsque le 4 septembre 1879, le gouvernement de la défense nationale fut constitué, ce fut à Rouillé, sans doute, un deuil de voir notre patrie mutilée, mais ce fut également une véritable exultation d'applaudir la troisième République.

Le conseil municipal se réunit ; on arbore le drapeau tricolore, et l'un des membres prononce une harangue frénétiquement applaudie par toute l'assistance.

Il existait au bourg, à ce moment-là, en dehors des écoles libres des Sœurs et des Frères, une école communale de garçons, dont M. Rossignol était le directeur, une école communale protestante de filles, puis, quatre écoles dans les hameaux. Celles-ci étaient dirigées par des maîtres particuliers, après approbation de l'académie, et la rétribution scolaire fournie par les élèves était leur traitement. Elles étaient placées au Grand-Breuil (école de filles), à la Poinière, à Venours et à la Chaurière (école de garçons). Elles fonctionnaient depuis plus de 40 ans, lorsqu'en 1871 elles furent fermées, lors du nouveau règlement administratif.

Au bourg, l'école communale de garçons continua toujours à être en plein exercice ; l'école de filles était sous la direction du consistoire, qui, lui-même, recevait des fonds du gouvernement pour son maintien. En 1830, il reçoit 550 francs à ce sujet.

En 1846, Mademoiselle Issanchon demande à tenir une école communale protestante de filles, elle est acceptée ; elle est la première institutrice « communale ».

Jusqu'en 1848, toutes ces écoles étaient sous la surveillance du « Comité des écoles primaires de Rouillé », composé de sept membres, dont le curé et le pasteur. Ce comité était chargé de veiller au talent, à la conduite des maîtres et à la perception de la rétribution scolaire [1].

Toutes ces anciennes écoles privées de hameaux disparues en 1871, ne furent rouvertes que beaucoup plus tard.

En effet, un arrêté ministériel du 3 février 1882, autorise l'ouverture des écoles de Thou, La Chaurière et du Grand-Breuil. Les locaux ne purent être aménagés immédiatement. En 1891, les terrains nécessaires à ces trois écoles furent achetés par la commune, et on dépensa 43.797 francs pour leur construction et pour l'achat de l'école du Gros-Pair, qui, elle, fonctionnait depuis 1879. Les écoles mixtes de Thou et de La Chaurière et l'école des filles du Grand-Breuil, furent bâties en 1893, et reçurent immédiatement les enfants.

Au bourg, l'école des filles était misérablement installée dans une maison qui, jadis, était adossée au vieux temple protestant.

En 1905, la commune fit édifier la nouvelle école communale des filles, sise près la ligne du chemin de fer. Elle coûta 29.758 francs.

De nos jours, un projet pour abattre l'école communale des garçons, et la reconstruire sur un plan plus vaste, est à l'étude. Le conseil municipal en a voté le principe en 1911.

En 1872, M. Guitton est élu maire. Il disparaît, lorsqu'en 1874, par arrêté préfectoral, M. François Vadier est nommé maire.

En 1876, de nouvelles élections ont lieu, et M. Guitton revient maire, il y restera jusqu'en 1901. Sous son administration, fut construit le temple, dont nous donnerons ultérieurement le devis. En 1879, il fait un emprunt de 30.000 francs, pour construire ou remanier les chemins

---

1. -- En 1834, suivant une lettre du 30 septembre du préfet, il devait être composé de 12 membres, mais, aux registres de ce comité, je n'ai toujours trouvé que 7 membres.

vicinaux. Ce fut vraiment là son œuvre principale et grâce à lui, à l'heure actuelle, presque tous les villages sont desservis par des routes carossables. D'ailleurs les différents maires qui lui succédèrent l'imitèrent tous dans cette ligne de conduite.

En 1889, le 5 mai, pour célébrer le centenaire de la réunion des Etats Généraux, M. Guitton, entouré de son conseil, planta sur la place, un arbre de la liberté, un marronnier. Le 22 septembre, il en plante un second dans la cour de l'école des garçons pour commémorer le centenaire de la Révolution.

En 1901, M. Laidet est élu maire. Puis en 1904, M. Jules Sapin le remplace, et à sa mort, en 1911, M. Modéré Quintard lui a succédé.

CHAPITRE XIV

1870-1900

M. l'Abbé Damelon. — M. l'abbé Ballu ; leur œuvre.

§ I

M. l'Abbé Damelon

Le 1er juin 1863, fut signée pour la cure de Rouillé, la nomination d'un prêtre, dont le zèle dévorant et l'esprit de foi transformèrent complétement cette paroisse ; son nom était M. l'abbé *Damelon*. Mgr Pie, eut pour lui une prédilection particulière, marquée par ses nombreuses visites à Rouillé. Tous ceux qui l'ont connu, et ils sont encore nombreux de nos jours, parlent de lui comme d'un saint. Aidé puissamment dans son œuvre par Mlle Dauvilliers, notre insigne bienfaitrice, et à laquelle nous consacrerons plus loin une notice spéciale, doué d'un tempérament fougueux qui ne redoutait rien pour la gloire de Dieu, il provoqua ici une véritable résurrection religieuse.

Les 700 catholiques perdus au milieu de 1900 protestants, subissaient plus ou moins l'influence déprimante de l'hérésie. Aussi, M. Damelon travailla-t-il de toute son âme, à ranimer leur foi et à leur assurer la confiance. Ce fut là, son premier but ; il voulut ensuite rendre à la maison de Dieu toute sa beauté, nous en parlerons lorsque nous traiterons de notre église pendant le xixe siècle.

A peine était-il arrivé, qu'il fit donner en 1864, une mission de 3 semaines par les Révérends Pères Rigaud et Babin. Elle se termina le dimanche de la Quasimodo, 3 avril, par la plantation d'une croix, au bout de la charmille de l'Augerie, route de Lusignan. A cette oc-

casion, une institutrice protestante osa proposer aux
Pères, une discussion religieuse publique. Après en avoir
référé à Monseigneur, les Pères acceptèrent, mais elle
ne put décider aucun pasteur à soutenir sa thèse. Cette
mission eut de très consolants résultats, c'était la première depuis la Révolution.

Dès lors, tous les soirs, à la nuit tombante, M. Damelon présidait la récitation du chapelet et la prière du
soir, à l'église.

En 1865, il se rendait à Paris, et était reçu par Sa Majesté Napoléon III, qui lui faisait remettre un splendide
ostensoir en bronze argenté, dont nous nous servons
aujourd'hui ; il représente un ange aux ailes déployées
soutenant le soleil [1].

L'année 1868 fut un vrai triomphe pour le catholicisme. M. Damelon fait prêcher le jubilé, accordé par
le Souverain Pontife Pie IX à la ville de Poitiers et aux
paroisses du diocèse qui ont Saint Hilaire comme patron. Deux missionnaires, les Pères Mathieu et Thomas,
dominicains, donnèrent une mission de quatre semaines
qui se termina le 22 novembre. Mgr Pie vint présider la
clôture. Nos braves gens se rappellent encore fort bien,
comment le chef du diocèse était reçu parmi nous. Une
escouade de cavaliers allait à sa rencontre ; les cloches
sonnaient à toute volée ; toute la population catholique
était là, entourant le vénéré prélat qui allumait un immense feu de joie dressé en son honneur.

Ce 22 novembre, une magnifique croix, offerte par
Mlle de Boisgrollier, et portée par les hommes, fut plantée sur le bord de la route de Saint-Maixent, au coin
d'un champ appartenant à M. Daroux. (Ce champ est
placé à l'angle de l'allée du Châtaignier et du chemin de
la Virlaine.) Une multitude immense et 18 prêtres entouraient l'Evêque, et chantaient des cantiques. Le soir,
Mlle Dauvilliers reçut, à l'Augerie, Sa Grandeur Mgr Pie
et tous les prêtres. Ce fut à la suite de cette mission que

1. — Nous avons dans les archives la pièce authentique de ce don,
signée de l'aumônier de la cour.

M. Damelon jeta les bases d'une congrégation d'enfants de Marie, qui périclita au bout de quelque temps et s'éteignit.

Mais bientôt le canon tonne à la frontière. Nos soldats plient devant l'Allemand qui s'avance ; c'est la guerre de 1870 avec tous ses désastres. M. Damelon, aussi grand patriote que saint prêtre, convertit les écoles libres et sa cure en ambulance ; sa salle à manger est devenue une salle d'hôpital, où six blessés sont soignés avec autant de délicatesse que d'intelligence. Le gouvernement, ayant reconnu tout son dévouement et sa charité, lui allouait, l'année suivante, 200 francs pour le féliciter et le remercier.

Cette même année, une épidémie de picote sévit dans la paroisse. Dans toutes les maisons il y a des malades. Tous les jours, M. Damelon les visite, préservé miraculeusement de la contagion.

Sitôt la guerre terminée, il reprend encore avec plus d'énergie à travailler à la sanctification de ses chers paroissiens. Le Souverain Pontife a accordé un jubilé au monde catholique, à l'occasion du concile du Vatican, M. Damelon se garde de ne pas en faire profiter sa paroisse.

Donc en 1871, il fait donner une mission de quatre semaines. Deux Pères Capucins, tous deux célèbres par leur éloquence et leur sainteté, les Pères Ladislas et Marie-Antoine, prêchèrent ces saints exercices. Le quatrième dimanche de l'Avent, vigile de Noël, le Père Ladislas présidait la plantation d'une croix en face de la chapelle de Thou [1]. A la messe de minuit, en cette même chapelle, une communion générale réconfortait le missionnaire, qui, logé au château de la Briouse, était resté continuellement au milieu de cette population. Le dernier jour de l'année, se clôturait ce jubilé qui avait été prêché à l'église par le Père Marie-Antoine, lequel également avait fait plusieurs réunions à la cha-

1. — Pour plus de commodité, cette croix fut transplantée par les soins de M. Ballu, à l'angle gauche des routes de Thou et de Saint-Germier.

pelle de Boisgrollier. Ce jour-là, une croix fut plantée très solennellement sur la route de Sanxay, au coin de l'allée du Châtaignier. Enfin huit jours après, le 7 janvier, fut la clôture triomphale. Mgr Pie était présent, une autre croix fut plantée sur la route de Saint-Sauvant, à l'angle du chemin de l'Epine.

Constatant tout le bien produit par les missions, M. Damelon en faisait encore prêcher une troisième en 1876, par deux dominicains, les Pères Féréol et Michel. Le 21 mai, plantation de la croix, route de Crieuil, au tournant de l'allée du Châtaignier, et le 28, clôture de la mission de quatre semaines par la plantation de croix, route de Jazeneuil, champ de Gambade. M. Vadier, maire, avec ses deux adjoints étaient en tête du groupe portant la croix ; au retour, au milieu d'un enthousiasme indéscriptible, la foule entraînée par la fanfare de M. le curé de Sanxay, présente à la fête, conduisit en triomphe M. le maire et ses deux adjoints, de la mairie jusqu'à leur domicile.

Si M. Damelon entretenait ainsi une foi ardente au cœur de ses paroissiens, s'il était l'homme du devoir par excellence, visitant ses malades, à tel point que pas un seul ne mourait sans avoir reçu tous les sacrements, comme l'attestent les registres paroissiaux, s'il ne craignait point la fatigue, allant à pied dire la messe à la chapelle de Thou, distante de 6 kilomètres, traversant bien des villages le dimanche pour empêcher tout travail, s'il était bon, charitable, donnant l'aumône sans compter, il savait aussi avec ténacité, soutenir les droits de Dieu et de l'Eglise en face des autorités constituées. Il eut plusieurs discusssions très vives avec le Conseil municipal, au sujet de l'administration de la Fabrique, et maintes fois il eut recours à la Préfecture pour obtenir gain de cause.

Ce prêtre, qui se dépensait sans compter au service de Dieu, tomba malade au commencement de septembre 1878, et il mourut le 1er octobre, âgé de 50 ans. Il fut enterré le 3 octobre, au cimetière paroissial ; toute la paroisse était en deuil et le pleurait, comme on pleure un père.

Quelques jours avant de mourir, il disait à la religieuse qui le soignait : « Ma sœur, au ciel je prierai pour cette chère paroisse et surtout je demanderai à Dieu, qu'Il lui envoie de bons prêtres. » Lorsqu'on voulut l'habiller sur son lit de mort, on découvrit autour de son corps, une chaînette de fer, c'était un instrument de pénitence. Aussi, à M. Jarlit, doyen de Lusignan, qui lui annonçait cette mort, Mgr Pie répondait : « J'ai perdu le meilleur de mes prêtres. »

En 1873, se sentant déborder par un ministère de plus en plus absorbant, à la suite de la construction de la chapelle de Thou, M. Damelon avait sollicité la création d'un vicariat pour Rouillé. Il fut accordé en 1875 et le gouvernement alloua 450 francs, pour le traitement du vicaire.

Voici les noms des trois jeunes prêtres qui se suivirent dans cette fonction :

M. l'abbé *Bohy*, 1875-1877.

M. l'abbé *Guérin*, 1878-1880.

M. l'abbé *Bridonneau*, 1881-1882.

Ce furent les seuls titulaires.

M. l'abbé *Damase Valla*, qui succéda à M. Damelon, le 7 octobre 1878, mourut subitement à Château-Larcher, le 19 janvier 1880. Durant ce court espace de temps, il eut à liquider plusieurs affaires intéressant la succession de M. Damelon, dont la charité avait épuisé le petit patrimoine.

M. l'abbé *Collineau*, son successeur, fut installé le 29 février 1880. Ce très digne prêtre débuta par une heureuse innovation ; la première communion solennelle, qui jusqu'alors se célébrait tous les deux ans, eut lieu, à partir de 1881, annuellement. Il eut également à résoudre plusieurs questions pendantes de la succession de M. Damelon. Nous parlerons plus loin des travaux importants entrepris sous ses ordres, à l'église. M. Collineau quitta Rouillé en novembre 1884, nommé doyen de Lezay.

§ II

M. l'Abbé Ballu. — Son œuvre

Le 4 décembre 1884 est nommé à la cure de Rouillé, un prêtre dont la mémoire restera à jamais bénie, M. *Ballu*, ancien curé de Coutières. Ayant le zèle et la piété de M. Damelon il avait en outre un caractère plein de mansuétude et de charité. Si, comme son vénéré prédécesseur, il n'était point d'un tempérament ardent, fougueux, il n'eut pourtant jamais peur de tenir, toujours haut et ferme, le drapeau de la religion catholique.

Que de faits délicats l'on pourrait raconter à sa louange ; donnant tout aux pauvres, ayant un mobilier plus que modeste, se privant à ses repas afin de mieux faire l'aumône. Visitant ses paroissiens presque tous les jours, on le voyait passer par les chemins, avec sa canne et son bréviaire. Aimé de tous même des protestants, il eut toujours une très haute influence dans la commune, bien qu'il fut intransigeant au point de vue religieux.

Poursuivant l'œuvre de M. Damelon, il fit donner plusieurs missions. En 1887, deux Pères Rédemptoristes les Pères de la Gorce et Pittet prêchent, pendant quatre semaines, ces saints exercices qui se terminent à Thou et à Rouillé le jour de Noël ; 370 communions, beaucoup de retours, majestueuse plantation de croix sur la route de Saint-Sauvant afin de remplacer celle plantée par M. Damelon et brisée par le vent, tel fut le bilan bien consolant de ces prédications.

En 1894, ce sont encore deux Pères Rédemptoristes, les Pères Delabarre et Moulard, qui évangélisent la paroisse pendant trois semaines. La clôture en fut attristée par la maladie du bon curé.

Mgr Juteau en 1893 et Mgr Pelgé en 1896, vinrent donner la Confirmation, et furent reçus avec bonheur tant par ce prêtre que par les paroissiens.

Un état de catholicité de la paroisse merveilleusement dressé en 1889, par M. Ballu, nous est resté. Il atteste 1.000 catholiques contre 1.800 protestants.

Doué d'un santé très délicate, M. Ballu, ayant pris froid en allant voir un malade, meurt le jour de Noël 1899, âgé de 54 ans, donnant vraiment, comme le bon Pasteur, sa vie pour ses brebis. Il eut la joie de recevoir les derniers sacrements, de la main d'un enfant de la paroisse, que lui-même avait conduit au séminaire, et qui venait d'être ordonné prêtre, M. l'abbé Emile Sardet, aujourd'hui curé de Benassais.

Le jour de son enterrement, 27 décembre, une foule considérable emplissait l'église et débordait sur la place; attristée et en deuil, elle conduisit au cimetière paroissial ce vénérable prêtre. L'un de ses fidèles amis, M. l'abbé Bleau, aumônier du lycée de Poitiers, monta en chaire et fit l'éloge du bon curé, pleuré par toute la paroisse.

§ III

Le miracle de Clémentine Trouvé

C'est sans doute la sainteté, la prière de ce bon M. Ballu qui obtinrent pour nous de Notre-Dame de Lourdes, la faveur inappréciable d'une guérison miraculeuse. A l'heure actuelle les père et mère de la miraculée vivent encore, beaucoup l'ont connue et m'ont fourni des détails très précis. M. Georges Bertrin, dans un livre qui fait autorité, en a résumé tout l'historique, je vais le citer. [1]

Clémentine Trouvé, habitait le bourg de Rouillé, avec ses parents. En 1891, elle avait quinze ans, et depuis trois ans elle était atteinte au talon du pied droit, d'une plaie suppurante, qui laissait suinter du pus mêlé de sang. Inspiré de Dieu, M. Ballu lui demande si elle veut aller à Lourdes, elle accepte avec empressement. Elle part de Rouillé, le 18 août 1891, rejoint le train du pèle-

---

1. — *Histoire critique des événements de Lourdes*, par G. Bertrin, agrégé de l'Université, page 235.

rinage national à Poitiers et arrive à Lourdes le 20 août. En entrant à l'hôpital des *Sept-Douleurs*, elle pleurait, en voyant le linge et la charpie qu'elle avait emportés en quantité insuffisante, car le voyage avait rendu la suppuration plus abondante. Le lendemain 21 août, on baigne dans la piscine son pauvre pied malade, et instantanément la plaie est cicatrisée; elle est guérie.

Voilà le fait, en voici les preuves afin que l'ombre même de tout doute disparaisse.

Avant de partir pour Lourdes, les parents de Clémentine Trouvé avaient demandé au Dʳ Cibiel, médecin à Lusignan, un certificat attestant la maladie. M. Cibiel l'avait délivré ainsi libellé :

Le médecin soussigné, certifie que la jeune Clémentine Trouvé, de Rouillé, est atteinte d'ostéopériostite calcanienne, ayant résisté au traitement par l'incision et les injections détersives. Cette maladie n'est justiciable que d'une opération radicale portant sur le point malade, ou bien d'un traitement à longue échéance, ayant pour base l'antisepsie locale et les reconstituants généraux.

Lusignan, 11 juin 1891 : Dʳ CIBIEL.

Le 22 août, prévenu par télégramme, M. le curé, se rendait à Lusignan, annoncer au docteur la guérison. Celui-ci était absent, il était à Bagnols dans l'Orne. Dès son retour, huit jours après, il vit sa jeune cliente, l'examina attentivement et délivra le certificat suivant :

Le médecin, soussigné, certifie que la jeune Clémentine Trouvé, qui était, à la date du 12 juin 1891, atteinte de fistule plantaire, d'origine périosteo-tuberculeuse se trouve actuellement guérie, et ne présente d'autre trace de son ancienne affection, que des stigmates cicatriciels et un développement un peu plus considérable de la région plantaire. Certifie en outre, que la pression exercée à ce niveau, n'est pas douloureuse et que la petite malade se supporte aisément sur son pied malade.

Lusignan, le 1ᵉʳ septembre 1891 : Dʳ CIBIEL.

Au moment de signer cette pièce, le docteur Cibiel dit à M. le curé :

— Je vais vous délivrer le certificat que vous désirez, avec la même loyauté que j'ai donné le certificat constatant la maladie.

Et comme M. le curé lui demandait, s'il ne pouvait pas ajouter, que c'était à Lourdes que l'enfant avait été guérie :

— Non, répondit-il, vous avez pour cela la preuve testimoniale; elle suffit.

Du reste ajouta-t-il, vous me le pardonnerez Monsieur le curé, mais je vous répéterai ce que j'ai dit à la mère Trouvé : « Que ce soit le diable ou le Bon Dieu, l'enfant est guérie, bien guérie ; et j'en suis heureux, très heureux.

C'était un premier témoignage irrécusable, que ces deux certificats.

Des voisines, qui avaient vu Clémentine Trouvé avant son départ, affirment également ce qu'elles avaient bien remarqué. C'est d'abord la sœur Delechelle de l'hospice de Lusignan et la sœur Marie-Eugénie de Rouillé, qui toutes deux l'ont soignée. Deux ou trois jours avant le départ pour Lourdes, la plaie avait été vue par Mme Alexandre Fouquet, Mme Honoré Neau et Mme Ernest Jamet, toutes encore vivantes aujourd'hui. Tous ces témoins attestent, que, devant elles, l'enfant a introduit plusieurs fois dans le trou suppurant pour l'étancher, une bande de linge, de 0^m01 à 0^m02 de largeur sur 0^m12 à 0^m15 de longueur ; elle se servait pour cela d'une aiguille passe-laine ou d'une aiguille à tricoter. Enfin tous les habitants du bourg connaissaient bien le mal de cette enfant, puiqu'on la voyait passer dans les rues appuyée sur un bâton et une béquille, ou bien assise à la porte de sa maison dans la quasi impossibilité de marcher.

La dame, à Lourdes, qui aida Clémentine à baigner son pied, était Mme Paul Lallier, rue de l'Epée, n° 6, Sens (Yonne). Elle déclara « que, pendant que la malade tenait dans ses mains les linges imbibés de pus qu'elle venait d'ôter de la plaie, elle mit le pied de l'enfant dans l'eau de la piscine. A peine avait-elle commencé à réciter les prières habituelles, *qu'elle vit* la plaie se fermer et les chairs remonter ».

On le devine aisément, grande fut l'émotion à Rouillé, en apprenant le 22 août, cette nouvelle. M. Ballu fit une grande fête pour remercier la Sainte Vierge, et mit à l'église une statue de Notre Dame de Lourdes, entourée d'une toile imitant le rocher de Massabielle.

Pour amoindrir l'impression produite par ce miracle, un pasteur protestant des environs, vint à *deux fois différentes*, entre *deux trains*, faire une enquête contradictoire. Il déclare dans son rapport — qui reçut des éloges de M. Zola — que Clémentine était guérie avant de partir. Pour appuyer cette assertion, il dit qu'il a interrogé quelques personnes protestantes, et quelques femmes catholiques qui étaient de cet avis. Or, il ne cite aucun nom, ne donne la signature d'aucun de ces témoins. Ce rapport est donc jugé, il n'a aucune valeur. Il affirme un fait nié par tous les habitants du bourg, qui ont vu et examiné la plaie. Ce pasteur ne nomme qu'une seule personne qu'il a visitée, le docteur Cibiel. Celui-ci, lui aurait dit, si on l'en croit : « *probablement* la plaie était guérie au moment du départ pour Lourdes. »

Si jamais cette affirmation a été prononcée par le docteur, ce qui est peu probable, il y a une véritable inexactitude. Comment M. Cibiel peut-il déclarer que la plaie était guérie, lorsque lui-même, le 10 juin, écrit « qu'elle a résisté au traitement par l'incision et les injections détersives ». Et à cette date, non seulement il avait examiné la plaie, mais il l'avait sondée : Mme Trouvé tenait sa fille sur ses genoux, pendant cette opération, et Mme Sardet, chez qui la visite avait lieu, soutenait le pied de l'enfant à qui la douleur arrachait des cris.

En face de faits aussi patents, quelles que soient les opinions philosophiques dont on puisse être imbu, la logique et la loyauté demandent impérieusement, qu'on s'incline devant la vérité.

Zola avait vu Clémentine Trouvé et lui avait parlé à Lourdes. Il l'a mise dans son ignoble ouvrage *Lourdes,* il l'appelle Sophie Couteau, et le docteur Cibiel, Monsieur Rivoire, médecin.

Après sa guérison, Clémentine Trouvé entra à la communauté des Sœurs de l'Assomption, et prit le nom de sœur Agnès-Marie. Elle est morte à Paris le 22 décembre 1910, âgée de 34 ans.

CHAPITRE XV

Le XXᵉ Siècle

§ I

M. l'abbé Cotillon. — M. l'abbé de Lestrade

En février 1900, M. l'abbé *Cotillon* était installé curé de Rouillé. Ce jeune prêtre ne fit que passer parmi nous, très aimé de ses paroissiens. D'une santé délicate, il dut démissionner au mois de juin 1902, pour aller à Niort recevoir les soins nécessités par son état ; il meurt au mois de mars 1903.

Le 28 septembre 1902, un prêtre, aussi distingué par le nom que par le savoir, M. l'abbé de *Lestrade de Conty*, docteur en théologie, était reçu avec bonheur dans la paroisse. Il ne resta que deux ans ici. Il partait en février 1905, nommé curé de Notre-Dame de Chauvigny. Actuellement il est, chanoine honoraire, curé de Montierneuf de Poitiers. Le 2 décembre 1903, au soir de la fête de l'Adoration perpétuelle, il faisait planter une croix sur la route de Saint-Maixent, pour remplacer celle installée par M. Damelon, et qui avait été brisée par le vent.

§ II

M. l'abbé Baudoin

Le 5 février 1905, celui qui écrit ces lignes, l'abbé *Hilaire Baudoin* était nommé par Mgr Pelgé, évêque de Poitiers, à la cure de Rouillé. La cérémonie de mon installation, le 26 février, fut présidée par M. l'abbé Ripault, doyen de Lusignan, aujourd'hui chanoine titulaire de la cathédrale de Poitiers. Tous les prêtres des environs y assistaient ainsi que M. le chanoine Bougouin,

Mission de 1909. — Une religieuse de la paroisse ; M. le curé ; les hommes portant la Croix ; au fond, les jeunes gens portant le Christ.

aujourd'hui évêque de Périgueux, et mon excellent ami, maintenant dans l'éternité, M. le chanoine Guérin, doyen de Saint-Maixent. J'étais, en effet, resté six ans son vicaire dans cette ville.

Le 1er décembre 1907, eut lieu une touchante manifestation religieuse. La croix de mission placée sur la route de Sanxay, à l'intersection de l'allée du Châtaignier, était tombée de vétusté, elle fut remplacée ce jour-là. Après la grand'messe, où une foule innombrable n'avait pu contenir dans l'église, la croix, déposée sur un magnifique char tout décoré, fut traînée triomphalement par vingt-quatre bœufs, aux cornes dorées, conduits par douze toucheurs avec aiguillons enguirlandés.

La fanfare de La Mothe Saint-Héray prêtait son concours ; le groupe des jeunes gens de la Jeunesse Catholique suivait le char, chantant des cantiques, et la foule couvrait plus d'un kilomètre en procession. Ce fut une fête inoubliable. Le prédicateur avait été M. l'abbé Raveau, chanoine de Lorette, et M. le chanoine Ripault avait bien voulu bénir la Croix [1].

Au mois de janvier 1908, j'ai commencé la publication du *Clocher de Rouillé*, petit Bulletin paroissial mensuel, distribué gratuitement, à 350 exemplaires, dans toutes les maisons catholiques. Là, chaque mois sont racontés les événements religieux et sont annoncées les cérémonies du culte. Depuis son apparition, cette petite revue n'a jamais cessé de paraître très régulièrement pour le plus grand bien du catholicisme.

La dernière mission dans la paroisse datait de 1894, j'en fis donner une du 14 février au 7 mars 1909 ; les prédicateurs furent deux Pères Rédemptoristes, les Pères Colin et Poyade.

Le Père Poyade à la chapelle de Thou et le Père Colin à l'église prêchèrent tous les soirs devant une très nombreuse assistance. La mission fut très consolante, tant par le chiffre des communions que par celui des retours. ₱ La clôture eut lieu, le dimanche 7 mars, par une plan-

---

1. — *Semaine religieuse* du diocèse, 8 décembre 1907.

tation de croix sur la route de Lusignan, près de la mare. Les hommes divisés en trois escouades, portaient la croix, et les jeunes gens, pareillement sectionnés en trois escouades, portaient un magnifique Christ en *bronze* de 1ᵐ 50, étendu sur un long brancard d'honneur[1].

En 1910, nous fêtions superbement Jeanne d'Arc. Notre héroïne française avait été béatifiée en 1909 et toutes les paroisses de France célébrèrent ce grand événement avec de vives démonstrations de joie.

A Rouillé, ce fut le 12 Juin 1910.

Presque tous les catholiques du bourg avaient eu à cœur de décorer leurs demeures avec beaucoup de goût. Les drapeaux aux couleurs nationales et aux couleurs de Jeanne d'Arc, se mariaient délicieusement dans la verdure, aux portes et fenêtres des maisons. Au clocher, à l'église, tant à l'intérieur qu'à l'extérieur, flottaient également les drapeaux.

A la grand'messe, le panégyrique fut prononcé d'une voix éloquente, par M. l'abbé Bleau aumônier du lycée de Poitiers.

A 1 heure, se déroule un cortége historique. A l'extrémité du bourg, route de Lusignan, un char décoré avec beaucoup d'art, attelé de 4 chevaux, était prêt ; 12 jeunes filles en costume de Lorraine y prennent place, tandis qu'en avant, au milieu des fleurs, se dresse la statue de Jeanne d'Arc.

Derrière, suivaient les jeunes gens de la Jeunesse Catholique, la fanfare du collège de Couhé, toute la foule respectueuse, sympathique, puis le clergé présidé par M. le chanoine Ripault.

Le cortège fait le tour du bourg, passant au milieu des drapeaux, des guirlandes et des arcs de triomphe. Ce fut une splendide journée.

Le soir, les jeunes filles jouèrent au théâtre de la Jeunesse catholique, le drame de Jeanne d'Arc, devant une assistance absolument enthousiasmée[2].

1. — *Semaine religieuse* du 14 mars 1909.
2. — *Semaine Religieuse* du diocèse, 19 juin 1910.

Le groupe de la Jeunesse Catholique fut fondé en 1906, et est toujours demeuré plein de vigueur. Tous les ans les jeunes gens donnent une soirée théâtrale, et l'été ils ont une Société de tir. Cette année, 1911, ils ont eu un grand Concours de tir où une vingtaine de sociétés sont venues se disputer les prix. Tous les dimanches ils chantent à la messe, et à nos grandes fêtes ils exécutent des morceaux de musique avec le chœur des chanteuses.

D'ailleurs tous les détails de nos fêtes et de nos réunions, sont consignés dans le *Bulletin Paroissial*, dont un exemplaire est déposé chaque mois aux archives de l'église.

CHAPITRE XVI

L'Eglise de 1800 à 1911

Au lendemain de la Révolution, notre pauvre église était une véritable ruine. Plus de curé, quelques catholiques se rendant aux offices le dimanche, soit à Lusignan, soit à Saint-Sauvant, parfois un prêtre venant dans quelques maisons visiter un malade, baptiser un enfant, c'était toute la vie religieuse.

Les protestants, qui n'avaient encore jamais eu de temple à Rouillé, s'étaient emparés de l'église, ils y faisaient leurs cérémonies, leurs prêches [1]. Par cette sacrilège profanation, le vieux sanctuaire de nos ancêtres semblait être perdu, et la religion catholique, selon l'expression de M. Poinet, président du consistoire, « destinée à ne jamais se relever ».

Mais en 1813, sur les instances de Mgr de Pradt, le préfet écrivit au maire, d'avoir à remettre au curé, la clef de l'église, en conformité avec la loi. Ce qui fut fait ; les protestants l'abandonnèrent, et réconciliée, elle revint à son saint usage.

Qu'elle devait être triste alors ! A l'intérieur, ni ornement, ni linge, ni banc, ni chaise, rien, rien ! A l'extérieur, les murs, la toiture suintent la ruine, le délabrement ! C'est une lettre du consistoire qui le dit.

M. l'abbé Babin, en 1818, achète les ornements indispensables pour le culte et fait refaire les toitures de l'église et du presbytère. En 1819, M. le maire envoie à la Préfecture un état des réparations les plus urgentes, il s'élève à 1.000 francs ; ces travaux furent immédiatement exécutés.

Jusqu'en 1856, curés et municipalités ne firent que les réparations principales d'entretien. En 1823, sur

---

1. -- *Archives de la Vienne.* V. 6, 1.

l'ordre de M. Alexandre, un homme de l'art dressa un devis d'une restauration complète, mais elle n'aboutit point.

En 1856, M. l'abbé Lepetit résolut de remanier complètement la nef placée entre le transept et la porte principale. Grâce à la correspondance de ce prêtre avec Mgr Pie, conservée aux Archives de l'Evêché, nous connaissons l'historique de cette partie de l'église.

Cette nef avait été construite au commencement du XVIIIe siècle, lorsque la population catholique s'était accrue par les conversions des protestants. Redoutant des troubles nouveaux, et prévoyant bien que toutes ces conversions seraient peu sincères, on avait tout à fait limité les dépenses pour l'édifier. Elle consistait en un simple appentis, partant du mur du presbytère et s'inclinant vers la place. Le mur, d'ailleurs, qui se trouve sur cette face de la route le prouve clairement ; jusqu'à 3 mètres, il est en moyen appareil et la partie supérieure est en moellons ordinaires. Dans le grenier de la cure, on voit très bien encore les ouvertures — deux fenêtres basses — qui communiquaient avec cette construction. Un plafond droit, en bois, seul empêchait de voir la toiture.

Cette description confirme entièrement notre manière de voir au sujet de l'orientation de l'église. La porte principale était donc bien située à la chapelle Saint Joseph, puisque vers le clocher, cette nef ne fut construite que bien plus tard ; l'épaisseur des murs et tout ce que nous venons de narrer, en sont une preuve irréfutable.

Cet appentis devait être d'un bien mauvais effet. Aussi, tout fut modifié ; les murs furent exhaussés, la charpente toute vermoulue fut remise à neuf, le plafond en bois remplacé par une voûte en briques. Les dépenses s'élevèrent à 3.830 francs. Sans doute c'était bien, mais comme il est regrettable qu'on n'ait mis aucun style et aucune ornementation, dans cette construction qui n'a absolument aucun cachet !

M. l'abbé Damelon, en même temps qu'il ranimait la

foi dans les âmes, voulait aussi rendre, à la maison du Bon Dieu, tout son lustre d'autrefois.

Il commença par la construction du clocher. Les premières démarches qu'il fit à ce sujet, sont de 1869. Mademoiselle Dauvilliers, avait promis 3.000 francs, le conseil municipal vota également 3.000 francs, et le 19 janvier 1870, on sollicita un secours de 3.500 francs de l'Etat ; le devis dressé par M. Rosé, architecte de Poitiers, s'élevait à 10.500 francs.

Sur ces entrefaites, la malheureuse guerre avec l'Allemagne éclate, et le projet fut remis à plus tard.

En 1873, les plans furent repris et modifiés. Il s'agissait primitivement de reconstruire le clocher à la place de l'ancien, c'est-à-dire au-dessus du transept.

M. Perlat, architecte, fit alors un nouveau plan, le clocher était placé à la porte principale. Les dépenses étaient plus élevées, mais le second projet était bien plus rationnel et d'un meilleur effet. Pour cela, la Fabrique demanda à la commune de lui céder 2m50 de terrain en avant du vieux « Ballet » à la grande porte [1].

Le Conseil municipal ne consentit cette cession de terrain que moyennant certaines clauses qui ne furent point acceptées par la Fabrique. Ce qui est très regrettable, car notre église, trop petite pour une population catholique sans cesse croissante, eut été ainsi agrandie.

Aussi, pour ne pas tarder davantage, les travaux furent mis en adjudication de suite, le clocher devant être construit à l'endroit du « ballet ». En 1875, le devis montait à 17.608 francs, ainsi répartis, 3.000 francs de la commune, 6.000 francs de l'Etat, Mlle Dauvilliers, qui primitivement avait promis 7.000 francs, ajouta la différence.

Les travaux marchèrent lentement ; l'entrepreneur, Boursier, ayant fait faillite, la Fabrique mit l'ouvrage restant, en régie. Et le 28 mai 1876, à la clôture de la mission, le Révérend Père Michel, bénissait la croix de

1. — Le ballet, était un appentis situé à la porte de l'église, où nos pères se mettaient à l'abri du mauvais temps, en attendant la messe ; à la Révolution on y tint beaucoup de réunions.

fer fixée au sommet de la flèche. Ce n'est qu'en 1878 que tout fut complètement terminé ; il avait coûté exactement 21. 690 fr. 82.

En 1876, Mlle Dauvilliers offrait à l'église l'autel en marbre, que nous avons maintenant et qui remplaçait un misérable autel en bois.

Cette même année, M. Damelon songeait à établir trois cloches, dans le nouveau clocher pas encore complètement terminé ; 4.000 étaient nécessaires tant pour les deux nouvelles cloches, que pour la charpente du beffroi. Il n'y avait, en effet, qu'une petite cloche installée par M. Lepetit en 1856, ce n'était pas digne de notre belle flèche. La vieille cloche devenait la petite et deux nouvelles, plus grosses, devaient être fondues.

Une souscription fut ouverte dans la paroisse à ce sujet. Mlle Dauvilliers s'y inscrivit pour 2.500 francs ; le Conseil général vota 350 francs ; le surplus fut fourni par les catholiques de la paroisse. La compagnie d'Orléans, alors exploitant la ligne de chemin de fer de Rouillé, versa 100 francs.

Aussi, le 23 septembre 1877, Mgr Pie voulut bien venir lui-même bénir les deux nouvelles cloches. Ce fut une fête splendide. Mlle Dauvilliers, racontent les veillards, fit jeter autant de sous que de dragées, à l'issue de la cérémonie. La plus grosse fut appelée, Charles-Adéline du nom du parrain M. Charles Mayet, maire de Lusignan et de sa marraine Mme Adéline Boisseau, épouse de M. Boisseau, maire de Jazeneuil ; la seconde s'appela Hubert-Henriette, du nom de son parrain, Hubert Babinet, de la Grange de Celle-l'Evescault, et de sa marraine Henriette de Curzay, du château de Curzay.

Cette même année, M. Damelon installe la tribune afin d'y mettre les petites filles de l'école des Religieuses et augmenter ainsi les places à l'église.

En 1878, M. Damelon fait une restauration très heureuse du chœur et du sanctuaire. Elle coûta 3.693 francs dont 1.000 francs furent fournis par l'Etat. Les vieilles boiseries, sans valeur artistique d'ailleurs, qui entouraient le sanctuaire, furent enlevées et vendues.

Cette même année encore, un projet de restauration complète de l'église est présenté au Ministère des Cultes. Il s'agissait de réparer les deux bras de croix et le transept dont les voûtes menaçaient ruine, et dont la toiture était en très mauvais état.

On se proposait également, de remettre la nef principale, à la même hauteur que les autres parties de l'église. Ce projet qui faisait de l'édifice un tout très harmonieux, était estimé, 22.000 francs.

L'Etat promit 6.000 fr., Mlle Dauvilliers, 7.000 francs ; la commune refusa tout secours. Et pourtant elle votait 22.000 fr. pour la construction d'un temple protestant, comme elle avait déjà voté 5.000 fr. pour la maison du pasteur.

Mais la mort venait de coucher dans la tombe, le vénéré M. Damelon, et toutes démarches furent arrêtées.

En 1881, ce projet fut repris par M. Collineau ; à nouveau, un secours fut demandé au conseil municipal qui refusa encore. L'Etat ayant maintenu ses 6.000 francs et Mlle Dauvilliers ses 7.000 francs, la Fabrique fit exécuter pour 13.000 francs de travaux. Les deux bras de croix et le transept furent entièrement refaits, et certes avec beaucoup de goût.

L'adjudication en fut donnée le 30 septembre 1881, et l'on se mit de suite à l'œuvre.

En 1882, au carillon de la veille de l'Assomption, un accident jette la consternation dans la paroisse. Au moment de la sonnerie, le mouton de la petite cloche se brise, celle-ci tombe sur la moyenne et toutes deux, au milieu d'un grand fracas, cassant tout, sont précipitées sur le pavé de l'église, réduites en morceaux.

M. Collineau ne se laissa point décourager, il commença immédiatement ses démarches, et le 7 janvier 1883, Mgr Bellot bénissait lui-même à Rouillé les deux nouvelles cloches. La moyenne, Jeanne Germaine eut pour parrain et marraine Jehan Le Roux de Salvert, (paroisse de Jazeneuil) et Germaine Mayaud de Lusi-

gnan ; pour la petite, Pauline-Eugénie, furent marraine,
Madame veuve Lecointre-Dauvilliers et parrain, son fils,
Eugène Lecointre.

En 1899, M. l'abbé Ballu fit construire la sacristie sur
l'emplacement d'une vieille masure, toute petite, qui
servait également à cet usage.

Elle coûta 1168 francs ; le conseil général vota 250 fr.,
la commune 200 francs et la Fabrique 500 francs ; le
surplus fut soldé par M. Ballu.

C'est également cet excellent prêtre qui paya de son
argent les douze bancs du chœur, en chêne sculpté, qui
servent aux hommes.

APPENDICE

L'Inventaire de 1906. — Installation d'une Horloge

Mais hélas ! tout ce qui appartenait si bien aux catholiques, payé presque en totalité par leur argent et grâce
au zèle de leurs curés, devint, par la triste loi de Séparation de 1905, propriété de l'Etat.

Par suite de cet acte spoliateur, toutes les fondations
établies par Mlle Dauvilliers, et dont nous parlerons plus
loin ont été prises contre toute justice. Le champ du
Serpentin, qui avait été respecté par la Révolution,
et dont la Fabrique était propriétaire depuis 1803, fut
mis sous sequestre, et vendu par l'Etat en 1911.

Aussi, nous protestons de toutes nos forces contre
cette main-mise sur les biens de l'Eglise, et en revendi-
quant tous nos droits, nous en appelons à la justice
divine.

Ce fut le 25 janvier 1906, qu'en éxécution de l'article 3
de cette loi, M. Legrain, receveur des domaines de Lu-

signan, pénétra dans l'église pour procéder à cet inventaire.

Il était accompagné de M. Sapin, maire, et du garde-champêtre.

Il se heurta dès l'entrée au conseil de Fabrique réuni, qui entourait M. le curé. Au nom de la Fabrique et de tous mes prédécesseurs, je lus une énergique protestation, déclarant ne vouloir prendre aucunement part à cette besogne souverainement injuste. Cette protestation, sur ma demande fut insérée au procès-verbal. Aucun membre du conseil de Fabrique ne voulut signer quoi que ce soit, considérant cet inventaire comme nul et formellement opposé à notre conscience. Une copie de cet inventaire est aux archives de l'église.

Lors de la construction du clocher, le projet d'y installer une horloge avait été étudié, mais n'avait point abouti.

En 1908, je me mis en rapport à ce sujet avec le conseil municipal, et le 10 janvier 1909, l'horloge, placée sur la façade nord du clocher, fut solennellement bénite. Le Conseil mnnicipal, en effet, avait voté 400 fr. et tant par souscriptions que par dons anonymes j'avais fourni les 400 autres francs destinés à son achat. L'horloge a été vendue par MM. Lussault de Marçay (Vienne) et a coûté 800 francs.

En 1911, la toiture du chevet de l'église, faite en tuiles plates, était en très mauvais état, elle a été remise à neuf et les vieilles tuiles remplacées par des ardoises. Le devis s'élevait à près de 900 francs et fut payé sur les fonds restés libres par la loi de Séparation, comme nous l'expliquerons plus loin.

CHAPITRE XVII

La Chapelle de Thou

Thou est un village situé à 6 kilomètres du bourg. C'est le centre d'une population presque totalement catholique et qui, en raison de son éloignement, ne pouvait accomplir facilement ses devoirs religieux.

Aussi, comprenant cette difficulté, M. Damelon avait-il entrepris d'y édifier une chapelle de secours.

Il se mit à l'œuvre, et, le 30 Septembre 1866, M. Jarlit, doyen de Lusignan, bénissait la première pierre. Le terrain fut donné par M. Gérard, de la Briouse, et l'argent des catholiques seuls contribua à sa construction.

Les travaux terminés, elle fut inaugurée par M. Damelon, sous le vocable de « la Bienheureuse Vierge Marie Immaculée ». Elle fut donc l'un des premiers édifices religieux dédiés à l'Immaculée Conception, dont le dogme venait d'être proclamé par Pie IX en 1854.

M. Damelon adressa alors au Ministère des Cultes, une supplique, afin qu'elle fut reconnue par l'Etat, comme chapelle publique. Heureusement la pétition fut refusée.

Aussi elle continue à être propriété privée, et appartient à la Société civile immobilière de la Vienne.

L'autel, et la statue de la Sainte Vierge en pierre, qui le domine, ont été offerts par M. Babinet, ancien conseiller à la Cour de Cassation.

Le 25 mai 1876, le chemin de Croix, payé par Mademoiselle Dauvilliers, fut érigé par M. Damelon, en présence des deux missionnnaires, les Pères Michel et Féréol, qui à ce moment-là prêchaient une mission,

A la mort de M. Damelon, ses héritiers réclamèrent une certaine somme d'argent — 1500 francs — comme leur étant due sur cette construction. M. Collineau régla cette affaire, et la propriété fut définitement acquise à la Société immobilière.

Depuis, la messe y est dite très régulièrement tous les quinze jours ; j'y fais également les catéchismes et y donne le sacrement de baptême. Au temps pascal, le jeudi qui suit la fête de Pâques et le dimanche de la Quasimodo, sont les deux jours fixés pour la communion des catholiques de toute la contrée.

Cette chapelle rend de très grands services religieux, à toute cette partie de la paroisse. Pendant le carême, tous les jeudis j'y fais une réunion avec conférence, toujours très suivie

Pendant les missions, l'un des missionnaires y es t toujours résidant et prend hospitalité à la Briouse.

CHAPITRE XVIII

Mademoiselle Pauline Dauvilliers

Dès qu'il apparaît sous ma plume, je le salue avec respect, ce nom auréolé de tant de vénération parmi cette population catholique.

Notre but certes, n'est point d'écrire une biographie complète de notre insigne bienfaitrice, mais de livrer à la postérité tout le bien qu'elle fit à cette paroisse de Rouillé.

Mlle Pauline Dauvilliers naquit à Poitiers le 18 janvier 1804, d'une famille que l'intelligence des affaires, les habitudes chrétiennes, et une grande fortune loyalement acquise ont placée au premier rang de la considération publique dans notre Poitou. Son père était Payeur du trésor du département de la Vienne.

Bien jeune encore, elle fut initiée aux tristesses de ce monde : à 10 ans, en 1814, elle perd sa mère, et, en 1829, son père se rendant aux eaux de Néris, s'arrête malade à Limoges, où il meurt entre les bras de sa fille.

A la tête d'une très grosse fortune, elle pouvait alors passer son existence, hélas, comme tant d'autres, à jouir de tous les plaisirs que donnent les richesses. Toutes différentes étaient ses pensées.

Elle songea d'abord à prendre l'habit religieux ; dans ce but, elle fit plusieurs retraites chez les Religieuses de la Puye. Sur les conseils de son directeur, M. l'abbé Méchain, elle y renonça ; et, appelé à donner également son avis, le vieil évêque, Mgr de Bouillé se prononça dans le même sens : « Mademoiselle, dit-il en terminant, vous ferez plus de bien dans le monde que dans la vie religieuse. » C'était une prédiction que les événements se chargèrent de réaliser.

Vaste fut le champ où se déploya son zèle. M. l'abbé Briand curé de Sainte-Radegonde en a publié une petite notice qui, j'allais dire, est presque la vie d'une sainte [1].

Rouillé fut toujours l'une de ses paroisses de prédilection. Bien des raisons militaient pour cela : tout d'abord c'était un centre protestant, où l'erreur menaçait d'étouffer la vérité ; elle y possédait beaucoup de terre ; puis, et surtout, le souvenir de son père, qui sur son lit de mort le lui avait spécialement recommandé.

Nous l'avons déjà dit, lorsque le château de l'Augerie avait été vendu comme bien national, la famille Moysen l'avait racheté. Mais en 1804, le fils, Xavier Moysen, revenu d'exil, s'était installé à Poitiers [2]. Tous ses parents étant morts, lui-même n'ayant pas d'enfant, il résolut de vendre l'Augerie qu'il habitait très rarement.

M. Dauvilliers le lui acheta, le 25 brumaire an XIII, par acte notarié passé chez maître Geoffroy, notaire à Poitiers [3].

En 1828, se sentant fatigué, M. Dauvilliers partageait ses biens entre ses enfants ; et le château de l'Augerie avec toutes ses propriétés fut attribué à Mlle Pauline.

C'est à partir de ce moment-là qu'elle commence vraiment à se montrer la Providence de la paroisse.

Cette même année, elle y installe trois religieuses des Filles de la Croix de la Puye. — Nous ferons plus loin l'historique de l'école des Sœurs et des bons Frères. — Deux religieuses devaient faire la classe, et la troisième visiter les malades.

Avant d'y établir également une école tenue par les bons Frères, elle réunissait, à l'Augerie, les petits garçons, leur apprenait leurs prières et le catéchisme. Personnellement, j'ai reçu le dernier soupir d'un vieillard, mort à 94 ans, qui me racontait, avec des larmes dans les yeux, avoir été préparé à sa première communion par « la bonne demoiselle ».

1. — *Mademoiselle Pauline Dauvilliers*, par M. l'abbé Briand, chez Oudin, 1882.

2. — C'est, en effet, par le senatus-consulte du 26 avril 1802 que Bonaparte rappela les émigrés.

3. — Minutes de l'étude de M. Bert, notaire à Poitiers, où se trouvent également les actes de fondations de Mlle Dauvilliers.

En 1860, constatant toute la misère de notre pauvre église, elle fonde une rente de 50 francs pour entretenir la lampe devant le Saint-Sacrement, à charge par la Fabrique de faire célébrer tous les ans une messe, le 26 mars, à l'intention de toute sa famille.

Cette même année, elle donnait à la Fabrique une rente annuelle de 50 francs, destinée aux pauvres de la commune, sans distinction de culte. Elle n'y mettait qu'une condition, « cet argent devra être entièrement distribué par les soins de M. le curé. Le maire, agissant à défaut de bureau de bienfaisance, accepta, et tout fut approuvé par la Préfecture.

Lorsque M. Damelon obtint la nomination d'un vicaire à Rouillé, le gouvernement alloua 450 francs, somme absolument insuffisante. M\ :sup\ :lle\ Dauvilliers y pourvut presqu'aussitôt. En 1877, elle donne une nouvelle rente de 400 francs, savoir : 200 francs pour parfaire le traitement du vicaire, et, si le vicariat venait à être supprimé, pour les réparations de l'église ; plus 100 francs pour supplément de casuel ; plus 100 francs pour achat, entretien du linge et des ornements de la sacristie. Elle y joignait cette clause : à charge de faire célébrer annuellement deux messes, l'une le 18 janvier, l'autre le 5 août, à l'intention de toute sa famille.

Comme on le voit, chaque fois qu'il s'agissait de la maison de Dieu, elle donnait sans compter. Nous avons déjà indiqué les sommes fournies par sa charité aux différents embellissements de l'église, elle voulait également que le culte religieux eut toute l'ampleur et la beauté que mérite Celui à qui il s'adresse.

Son amour des pauvres, et son désir de leur venir en aide se manifeste encore en 1877. En effet, elle fonde alors une rente de 250 francs, dont les arrérages devaient être distribués par M. le curé de la paroisse, à tous les pauvres indistinctement. M. Guitton, alors maire, voulut mettre à l'acceptation de cette donation, certaines conditions et, en particulier, que la répartition de cet argent serait contrôlée par le conseil municipal. M\ :sup\ :lle\ Dauvilliers s'y opposa formellement, exigeant que

le curé fut entièrement libre et indépendant, ce qui fut
approuvé par la Préfecture, et les titres de rente furent
remis au trésorier de la Fabrique.

De toutes ces fondations, sacrées s'il en fut jamais,
l'Etat s'est emparé par la loi de Séparation de l'Eglise et
de l'Etat de 1905. Au nom de quels principes et en vertu
de quels droits ? Au nom du plus fort. Car je ne reconnais à personne le droit de prendre le bien des autres.
Et si une loi mérite d'être flétrie, c'est certainement
celle-là qui renouvelle le pillage de nos églises des
autres âges.

Lorsque l'inventaire du 25 janvier 1906 fut dressé,
tous ces titres de rente furent mis sous séquestre. Au
mois de décembre de cette même année les héritiers de
Mlle Dauvilliers attaquèrent le séquestre — en l'espèce
l'administration des domaines, — au tribunal de Poitiers, en revendication des rentes, comme n'exécutant
pas la teneur de la donation. Les juges donnèrent raison aux neveux de Mlle Pauline, et condamnèrent le
receveur des domaines à remettre les titres.

Mais en janvier 1907, une nouvelle loi, par trop injuste, interdisait aux héritiers en ligne collatérale toute
revendication, et son effet retombait sur les jugements.
Tout était perdu.

Aussi, le 20 mars 1910, un décret, signé Briand, ministre des cultes, et Fallières, président de la République,
paraissait au *Journal Officiel*, déclarant que toutes les
fondations de la Fabrique de Rouillé étaient attribuées
à la dite commune [1].

Le dernier article du décret stipule pourtant, que les
200 francs de rente qui, à défaut de vicaire devaient
être employés aux réparations de l'église, seront affectés
à cette même destination, par les soins de la commune.

Aussi, lorsque le Préfet de la Vienne, prit un arrêté
pour la transmission de tous nos biens, cette clause y
fut inscrite. Et il est dit que la commune devra unique-

1. — Le décret se trouve *in-extenso* dans la *Semaine Religieuse*
du diocèse, du 24 avril 1911.

ment employer ces 200 francs de rente « à l'entretien et aux réparations de l'église ».

Nous avons eu à cœur de transcrire tous ces renseignements, afin qu'ils servent à qui de droit, mais surtout afin que la postérité sache bien toute l'injuste spoliation, dont l'église de Rouillé a été la victime.

Une telle iniquité n'enlève rien aux mérites de Mademoiselle Dauvilliers, dont les intentions ont été sacrilégement violées.

A une si chrétienne générosité, Mademoiselle Pauline joignait l'exemple de toutes les pratiques religieuses. Elle avait aménagé une chapelle à l'Augerie, et en 1877, Mgr Pie rendait une ordonnance pour autoriser le curé de Rouillé à y célébrer la messe, chaque fois que la châtelaine en manifesterait le désir.

Habitant ordinairement Poitiers, elle faisait pourtant de nombreuses visites à son château, et y séjournait 3 ou 4 mois de l'été.

Ainsi, s'écoula sa vie dans la pratique de toutes les vertus chrétiennes et dans l'amour des pauvres, qui trouvèrent toujours en elle un cœur compatissant. A leur intention, elle fonda aux Incurables, à l'Hôpital général, chez les Petites Sœurs des Pauvres, à Poitiers, des lits, spécialement réservés aux malades de Rouillé, lorsqu'il s'en présentera.

Enfin, les mains pleines de mérites devant Dieu, munie de tous les sacrements de l'Eglise, elle s'endormit doucement dans le Seigneur, à Poitiers, le 14 avril 1882, entourée des siens et des Filles de la Croix qui formaient sa seconde famille. Elle avait 78 ans.

La cérémonie des funérailles eut lieu à l'église Notre-Dame, trop petite pour contenir l'affluence, où toutes les classes de la société étaient représentées. Mgr Gay donna l'absoute.

Sitôt connue à Rouillé, la triste nouvelle jeta la consternation et le deuil. Comme témoignage de reconnaissance, M. Collineau, alors curé, célébra un service solennel, auquel fut invitée toute la paroisse.

Et désormais à travers les âges, le nom de Mademoiselle Pauline Dauvilliers, sera écrit en lettres d'or, dans les *Annales de Rouillé*, et sa mémoire restera perpétuellement en vénération.

———————

CHAPITRE XIX

Le Protestantisme à Rouillé pendant le XIXᵉ siècle

Notre intention n'est nullement d'apporter ici un historique complet de la religion protestante à Rouillé pendant tout le XIXᵉ siècle, mais simplement d'en narrer les principaux événements.

§ I

Les Prêches dans un champ de la Jarrilière et à l'église paroissiale

Lorque le premier Consul eut effectivement réglementé l'organisation des cultes en France, d'abord par la nouvelle constitution de l'an VIII, à laquelle devait succéder en 1801, le Concordat pour le catholicisme et les articles organiques pour les autres religions, les protestants de Rouillé songèrent à établir ici un temple et un consistoire.

Jusqu'en l'an X (1801), un pasteur des Deux-Sèvres venait y présider les cérémonies ; ce mode d'agir n'était ni légal ni commode. Aussi, par une lettre du 9 fructidor an X, les membres du consistoire s'adressèrent au premier Consul, par l'entremise du Préfet, à l'effet d'obtenir un pasteur.

Dans leur exposé ils disaient : « Il y a dans la commune de Rouillé, 1766 protestants ; Saint-Sauvant, 1630 ; Jazeneuil, 205 ; Lusignan, 301 ; Curzay, 15 ; Sanxay, 20 ; Celle-L'Evescault, 35 ; Payré, 32 ; au total, 4.044 protestants, et tous relèvent de Rouillé. »

Tous les maires de ces communes durent fournir à la préfecture un rapport détaillé à ce sujet. Tout en rectifiant les chiffres du consistoire, tous sont d'accord que Rouillé convient parfaitement comme siège d'une église protestante, et que déjà les partisans de ce culte s'y rendent pour toutes leurs cérémonies.

Voici d'ailleurs la réponse du maire de Rouillé :

Le maire de la commune de Rouillé au citoyen préfet du département de la Vienne.

10 Vendémiaire, an XI.

Citoyen,

Le nombre des protestants existant dans cette commune s'élève à 1542, ils sont de la communion de Calvin, ils font l'exercice de leur culte dans un champ situé proche le village de la Gouvanière à un quart de lieue du chef-lieu de cette commune. Ils avaient exercé leur culte pendant 2 ou 3 ans dans l'église de Rouillé, ils ont cessé de l'y exercer depuis plus de 18 mois, sans en connaître le motif. Ils s'assemblent tous les mois au plus. Leur ministre ne réside point dans cette commune et je n'en connais point le nom. L'église qui est sise au chef-lieu peut contenir 5 à 600 personnes, le nombre des catholiques qui est de 641 pourraient y ranger avec peine. Il faut 800 à 1000 francs pour la réparer. Je pense qu'elle devrait être conservée pour les catholiques. Elle est très près de la grand'route ; plusieurs voyageurs étaient dans l'usage de s'y arrêter pour entendre la messe. On n'y exerce en ce moment aucun culte, et si les catholiques étaient privés d'y entendre la messe, la distance qu'ils auraient à parcourir pour pouvoir en avoir ailleurs serait d'une lieue et demie du pays [1].

J'ai l'honneur d'être avec respect votre concitoyen,

TRIBERT,
maire de Rouillé.

Quel tableau navrant, au point de vue religieux et comme il suc la débacle de la Révolution ! Pour les catholiques, ni prêtre, ni office. Pour les protestants,

---

1. — Le maire de Saint-Sauvant répondait lui : « Il y a dans la commune 1500 protestants, ils n'ont pas d'édifice. Depuis l'an VI ils se sont réunis quelque fois à l'église. Plusieurs répugnent à exercer leur culte dans les églises. Ils paient leur pasteur par cotisation. »

ils se réunissent dans un champ entre la Jarrilière et la Gouvanière, au pied d'un gros châtaigner, et là assistent au prêche.

La requête présentée pour avoir un temple et un pasteur fut tout d'abord rejetée. En effet, d'après la loi du 18 germinal, confirmée par la circulaire de Portalis, du 3 thermidor, il fallait 6.000 âmes pour l'établissement d'une église consistoriale.

Le 28 prairial, an XI, une nouvelle lettre est expédiée expliquant qu'aux paroisses déjà nommées s'ajouteraient Pamproux, Avon, Chenay, afin d'obtenir le chiffre exigé par la loi. En même temps les promoteurs de cette affaire sollicitaient que l'église paroissiale leur soit attribuée, « car, disent-ils, l'église de Saint-Sauvant est suffisante pour les catholiques de Rouillé et Saint-Sauvant. »

Le 8 vendémiaire, an XII, Bonaparte faisait répondre par son ministre :

Préfecture de la Vienne
    Conseil d'Etat
              Paris, le 8 Vendémiaire, an XII de
              la République.

Le conseiller d'Etat chargé de toutes les affaires concernant les cultes.

Au Préfet de la Vienne,

Citoyen Préfet, le Gouvernement satisfait de la bonne conduite des protestants de votre département, a cru devoir leur accorder une église consistoriale à Rouillé, quoique le nombre soit inférieur à celui qu'exige la loi.

Quoique le titre de leur église soit à Rouillé, les protestants pourront néanmoins s'assembler dans le lieu le plus central de leur population et le plus commode à la généralité des fidèles de cette communion.

Dans quelque lieu qu'ils fassent leur assemblée, la volonté du Gouvernement est qu'elle ne mette aucun obstacle à l'exercice extérieur des cérémonies qui sont de l'essence du culte catholique.

Deux pasteurs seront attachés à cette église. Lorsque le consistoire aura nommé ces deux pasteurs, je vous prierai, citoyen Préfet, de me faire parvenir leur vocation avec votre avis sur les principes et la moralité de ces pasteurs, pour que je n'aie à présenter au Gouvernement que des sujets dignes de sa confiance et de son approbation.

J'ai l'honneur de vous saluer ;
Signé, PORTALIS [1]

Pour copie conforme :
Le conseiller de Préfecture, Secrétaire Général.

C'est la pièce authentique de l'installation légale du culte de Calvin à Rouillé.

Comme conséquence de cette autorisation, le 19 brumaire, le maire Tribert écrit au Préfet qu'il a communiqué aux protestants la lettre de la Préfecture, leur accordant l'église pour y faire leurs assemblées.

Aussi, le 20 pluviôse, une grande réunion s'y tient, afin de jeter les bases d'une organisation complète. Monsieur l'abbé Doazan, qui venait d'être envoyé à Rouillé, comme curé, en réfère immédiatement à son évêque.

Celui-ci écrivit au Préfet qui répondit, que cette réunion ne pouvait rien engager de l'avenir de l'église, et que d'ailleurs un commissaire délégué par lui y assisterait.

Les résolutions de cette assemblée, où 25 membres furent nommés pour composer le consistoire, furent approuvées de suite par M. Bonnefous, secrétaire général de la Préfecture, s'y trouvant en personne.

Aussitôt, le 26 pluviôse, ces délégués sont convoqués à Lusignan, où ils constituent définitivement le consistoire, composé de 12 membres, non compris le pasteur.

Rouillé devint ainsi le centre du protestantisme, pour tout le département. C'est de là que sortiront plus tard, les autres sièges religieux dans les différentes localités.

1. — Portalis fut le ministre chargé par Bonaparte de l'administration des cultes ; son intelligence et son savoir-faire empêchèrent parfois les injustices proposées par le premier Consul.

Rouillé est donc le berceau du protestantisme dans le département de la Vienne.

Bien qu'autorisé à présenter un ministre, Rouillé n'en posséda point immédiatement ; en 1806, c'est toujours un pasteur des Deux-Sèvres qui vient ici.

Toute la lutte se concentre maintenant sur la propriété de l'église, c'est l'enjeu qui se débat. En fait, les protestants en sont les maîtres, ils s'y réunissent, ils y font le prêche. Mais les catholiques, par la voix de leurs curés et de leur évêque, ne cessent de réclamer. Le gouvernement alors demande un rapport à M. Chéron, préfet de la Vienne.

Tour à tour on donne gain de cause à eux et à leurs adversaires, car le principal argument mis en avant, était toujours « le petit nombre de catholiques et l'absence d'un curé résidant.

Aussi, en 1810, le Conseil d'Etat accorde définitivement l'église au culte de Calvin « où il s'exerce déjà depuis 1801 », mais à la condition qu'elle soit remise aux catholiques le jour où ceux-ci seront organisés. Et le maire en remit les clefs au ministre.

L'Evêque protesta alors immédiatement contre ce qu'il considérait comme un attentat à un droit sacré, et une violation du Concordat qui rendait les églises au vrai culte. Le Préfet lui répondit qu'il allait écrire au maire de Rouillé, pour le prier de retirer les clefs des mains du ministre. Ce qui eut lieu le 31 octobre. Aussitôt une nouvelle pétition des protestants parvient à la Préfecture, et rien ne fut changé.

Aussi, le 3 janvier 1812, Monseigneur l'Evêque fait part au Ministre des cultes, que les protestants se sont encore emparés de l'église, et le 16 du même mois, il écrit au Préfet afin qu'il ordonne au maire de remettre l'église à ses réels propriétaires.

Quel fut l'effet de cet ordre ? Presque nul probablement. Car le 18 novembre 1812, le président du consistoire écrit encore pour être maintenu dans l'église sous prétexte que le culte catholique ne s'y exerce pas.

Le Sous-Préfet, dont relevait Lusignan, donne un avis favorable « étant entendu toujours qu'elle sera rendue, lorsqu'un succursaliste y sera installé ».

L'Evêque proteste à nouveau et demande en vertu de quel texte de loi, on l'a attribuée aux protestants. Le consistoire répond toujours la même chose « il n'y pas eu de curé depuis la Révolution ».

Enfin, en face du droit évident des catholiques et des articles formels du Concordat, le consistoire se résolut à retirer sa requête et à ne plus insister.

§ II
La Grange dîmière devenue temple protestant. Construction d'un Temple

Reconnaissant qu'il ne lui est vraiment pas permis de s'installer à l'église, le consistoire demande alors, en 1813, au Préfet, de l'autoriser à acheter l'ancienne grange dîmière qui, vendue comme bien national, pouvait servir de temple.« Le local est vaste, dit-il, et convient parfaitement au culte, il peut contenir deux mille personnes ».

Cette grange, aujourd'hui détruite, était placée dans le jardin touchant actuellement la maison de M. Branger, charron.

Voici son plan : la charpente,à l'intérieur, est soutenue par 20 poteaux ; le mur du côté nord a 40 mètres de longueur, du côté sud, également 40 mètres, à l'est, 14 mètres, à l'ouest, 12 mètres et 6 mètres de hauteur.

Toutes les autorisations administratives étant obtenues, elle fut achetée en 1814. Elle coûta 1.920 francs, et on y dépensa 580 francs pour l'approprier. Cet édifice, très vieux, comme nous l'avons dit, était, en outre, en mauvais état, et, jusqu'en 1877 où l'on se décide à construire le nouveau temple, sis près de la gare, ce fut une suite ininterrompue de travaux de réfection, Dès 1821, le gouvernement alloue 3.000 francs sur un devis de 5.079.

Nous avons déjà relaté les pourparlers, engagés en

1830 par le consistoire avec la Fabrique, afin d'ouvrir des fenêtres dans le mur proche de l'église ; à cause de multiples inconvénients, ces diverses propositions échouèrent pour l'avantage des deux partis. Toutefois, on autorisa de placer une fenêtre dans le pignon, ayant vue sur le jardin de la cure.

En 1861, ce temple était si délabré, que le Préfet menace de le faire fermer pour cause de sécurité publique.

Aussi, en 1869, d'accord avec le conseil presbytéral, le conseil municipal entreprend de construire un nouveau temple, tant à cause de l'état de vétusté de la grange dîmière que de la déféctuosité de son emplacement. A cet effet il vote un crédit de 15.000 francs.

La guerre de 1870 arrêta ce projet, qui fut repris en 1877, où furent votés tout d'abord 1.500 francs au conseil presbytéral pour dresser plans et devis.

Ceux-ci rédigés, le conseil dans sa séance du 12 août 1877 vota un emprunt de 22.000 francs pour la construction du temple, payable par annuités de 1879 à 1894.

Le terrain où il est construit, fut acheté de M. Guitton pour 4.000 francs, par le conseil presbytéral, qui en plus offrait 3.000 francs pour la construction. Le devis complet s'élevait à 47.483 fr. 82, plus 1.500 francs pour frais imprévus et 2.939 fr. 03 pour honoraires de l'architecte. Soit un total de 51.922 fr. 85.

La commune en votant un emprunt de 22.000 francs, devait payer, pendant les 15 ans que devait durer le remboursement, les intérêts de cette somme ; soit un total versé par la commune de 31.220 francs. L'ensemble de toute la dépense était donc de 65.270 fr. 45.

Les ressources étaient les suivantes :
1° Le Conseil presbytéral, par suite d'un
nouvel effort 7.650
2° La Commune :
    a) Fonds libres 1.000
    b) Impôts pour plans et devis . . 1.500
    c) Le Conseil décida que l'emprunt
de 22.000 francs, voté le 12 août 1877, serait

porté à 25.000; cet emprunt sera payé dans 12 annuités, ce qui fera, donnés par la commune, intérêts et capital compris

pendant 12 ans.	33.847 68
Ensemble des ressources locales . .	43.997 68
Prix du devis	65.270 45
Déficit	21.372 77

L'emprunt fut voté par le Conseil municipal le 3 mai 1878, et les 12 annuités réparties de 1879 à 1890.

Ce projet fut présenté au Ministre des Cultes qui l'approuva et promit un secours de 15.000 francs de l'Etat.

Il restait encore un déficit de 6. 372 fr. 77. On espérait pouvoir le combler par le rabais lors de l'adjudication des travaux, et par des souscriptions volontaires. Mais plusieurs adjudications furent faites et n'eurent point d'amateurs, ce qui nécessita quelques modifications.

D'autre part, la commune, au lieu de faire son emprunt à 5 0/0 put le réaliser à 4 fr. 50, et la somme, ainsi votée, fut réduite à 32.889 fr. 90.

Les travaux commencèrent en 1880 ; en 1881, ils étaient à peu près terminés. Ce temple s'élève maintenant près de la gare, et, tant par ses dimensions que par son caractère architectural, il est la cathédrale protestante du Poitou.

§ III

Pasteurs pendant le XIXᵉ Siècle

Aussitôt autorisés par le décret du 8 vendémiaire, an XII, approuvé par Bonaparte, les protestants de Rouillé désirèrent avoir un pasteur résidant. Sans doute par pénurie de sujets, ils ne l'obtinrent qu'en 1811, ce fut M. Garreau-Villeneuve. Il exerçait auparavant à la Tremblade (Charente-Inférieure) ; il fut nommé par décret rendu à Saint Cloud, signé de l'empereur, le 27 juin 1811 ; il était né à Pouzauges, le 6 mars 1761 et consacré à Lausanne, le 6 décembre 1786 ; il reçut un traitement de 1.000 francs[1]. Il est donc le premier ministre de Rouillé depuis la promulgation des articles organiques.

Aussitôt arrivé, il écrit au Préfet pour avoir un presbytère. En réponse à cette lettre, sur ordre de la préfecture, afin de le dédommager, tous les ans il lui est accordé par la commune une indemnité de logement, qui varia de 100 à 150 francs pour lui et ses successeurs, jusqu'en 1851 où fut construit le presbytère, route de Saint-Maixent. Il coûta 11.236 francs et la commune fournit 5.500 francs.

Lorsque le poste d'un second pasteur fut créé, une nouvelle indemnité annuelle fut votée pour son logement.

En 1812, le 24 février, M. Garreau communique à la Préfecture un état des protestants du canton :

Rouillé,   1925 protestants.
Saint-Sauvant, 1097   «
Lusignan,   298   «
Jazeneuil,   238   «

Ces chiffres étaient un peu fantaisistes, car le conseil municipal, consulté sur cette question, les rectifia.

M. Garreau mourut le 31 mai 1814. M. Brunet, pasteur de l'église consistoriale de La Mothe fait l'intérim.

Le 1er avril 1818, M. Gibault-Rivière est pasteur. En 1821, il dut fournir un rapport sur la coutume d'enterrer les défunts dans les champs et les jardins, — ce qui se passe encore de nos jours, — et le gouvernement permit de continuer.

Le 22 mai 1829, fut nommé pasteur un homme, à qui tous les protestants du département doivent reconnaissance, M. Souché. Placé ainsi à la tête du consistoire et animé d'un prosélytisme ardent, il organisa des centres protestants dans toute la Vienne. A Poitiers, à Châtellerault, à Couhé, à Saint-Sauvant... il fait agréer des pasteurs par le Ministère des Cultes, il obtient dans les communes où se trouvent des protestants, la séparation

---

1. — Ce traitement fut peu à peu augmenté, et en 1905, lors de la promulgation de la loi de Séparation, il était de 1800 francs.

des cimetières avec partie réservée à ceux-ci. D'un mot j'estime qu'on peut l'appeler l'organisateur du protestantisme, dans le département de la Vienne.

Pour Rouillé, il réussit à l'obtention d'un second poste de pasteur. Il eut tout d'abord comme collaborateur, M. Gibaud qui démissionne en 1832, en raison de ses infirmités.

En 1833, il procède à l'installation d'un local pour les protestants en Font-de-Cé à Lusignan, et il y fait le prêche.

Le 23 août 1835, il a pour deuxième ministre M. Carrière, et alors, pour plus de commodité, M. Souché le laisse à Rouillé, et lui va habiter Lusignan.

En 1839, il envoie à la Préfecture un état du protestantisme de la commune ; sur 2595 habitants, il compte 1985 protestants.

En 1830, il avait établi à Saint-Sauvant un lieu de réunion, où il se rendait lui-même. Il y fit nommer pasteur M. Carrière, auquel succède parmi nous M. Vincens.

En 1845, c'est M. Arnal. En 1850, M. Giraud.

Comprenant alors que le consistoire, pour bien des avantages, sera mieux placé à Lusignan, il en obtient, en 1852, du gouvernement, le transfert de Rouillé au chef-lieu de canton.

Il n'y avait donc alors à Rouillé, qu'un seul pasteur.

En 1859, le consistoire écrit au conseil municipal pour la nomination d'un deuxième pasteur, qui desservira Sanxay, Curzay, Jazeneuil. Il est répondu qu'on n'en voit pas du tout l'urgence. En 1864, deuxième demande, deuxième réponse identique. Ce second poste fut quand même reconnu par l'Etat, et Rouillé, de concert avec ces trois autres communes précitées, paya une indemnité de logement.

Après sa mort, M. Souché laissait par acte notarié du 3 février 1878, divers immeubles au consistoire de Lusignan, dont les revenus devaient être employés à soigner les malades pauvres protestants du canton.

Depuis 1850, voici les différents pasteurs qui à Rouillé,

soit successivement, soit simultanément, exercèrent leur
fonctions :

M. Berger, remplacé par M. Weyrich provisoirement.
Avant 1861, M. Mounier ; 1863, M. Blény ; 1864, M. Orion ;
1866, M. Barthe ; 1867, M. Morisse ; 1869, M. Sohier ;
1870, M. Berger ; 1875, M. Weyrich ; 1883, M. Vernet,
puis, M. Bruniquel ; 1893, M. Joseph Durand ; 1910, M.
Jean Durand.

Après la loi de Séparation, l'inventaire du temple fut
dressé le 25 janvier 1906 par M. Legrain, receveur de
l'enregistrement de Lusignan. En conformité de cette
même loi, le conseil presbytéral fut dissous et remplacé
par l'Association cultuelle qui désormais administre
les intérêts de ce culte.

Le consistoire de Lusignan comprend Rouillé, Saint-
Sauvant et Limoges.

§ IV

Protestants orthodoxes. — Construction de la chapelle des protestants orthodoxes

Vers 1846, M. Verrue, pasteur méthodiste de Saint-
Sauvant, vint à Rouillé annoncer cette doctrine. Il allait à travers les villages, provoquait des réunions, et,
ne pouvant suffire, il délégua quelques-uns de ses convertis comme prédicants.

En 1854, M. Poupot, alors pasteur à Poitiers, publia
une brochure intitulée : *Lettre à un protestant de Rouillé*,
où il critiquait vivement l'établissement du Méthodisme
en Poitou, qui allait amener la division du protestantisme [1].

Ce factum n'eut aucun résultat. Au contraire ces assemblées se firent peu à peu plus régulières, et se tinrent
au bourg, chez M. Bonin, si bien qu'on appelait cette
doctrine « la religion de M. Bonin ». Les vieillards qui
ont toujours vécu ici se rappellent fort bien tous ces

1. — Bibliothèque des antiquaires de l'Ouest.

détails. Ce fut, en effet, dans la maison de M. Bonin que tout fut organisé. Une chambre devint la chapelle; un peu plus tard, une école, dirigée par une institutrice de cette religion, y réunit les enfants. Puis, après la guerre de 1870, vint le premier pasteur orthodoxe, M. Maixandeau qui s'y installe également. Après lui, M. Salomon, M. Auboin, puis M. Chaigne, qui y reste jusqu'en 1911. Depuis octobre 1911, c'est M. Martin.

Les orthodoxes sont à peu près de 200 à 300. Ils relèvent, ainsi que leur pasteur, de la Société évangélique de Genève.

En 1900-1901, ils construisirent, route de Saint-Maixent, une petite chapelle. C'est là que désormais se font leurs réunions.

CHAPITRE XX

Les Châteaux de Rouillé pendant le XIX⁰ siècle

De toutes ces demeures seigneuriales, si riches en souvenirs, de toutes ces vieilles murailles, créneaux, meurtrières et lourds pont-levis, il ne reste plus rien maintenant. Rouillé semble avoir voulu effacer tout ce passé, et se présenter avec une physionomie toute moderne.

L'Augerie

L'Augerie fut achetée à Xavier Moysen en 1804, par la famille Dauvilliers, de Poitiers. En 1828, elle échut en partage à Mademoiselle Pauline Dauvilliers, elle y fit quelques réparations, et y séjourna quelques mois de l'année, ordinairement pendant l'été. Pour plus de commodité, elle fit combler toutes les douves, pleines d'eau, qui entouraient le château. A sa mort, en 1882, l'Augerie passe à son neveu, M. le baron de la Chevrelière, qui ne vint jamais l'habiter. En 1903, M. Bruneteau, maire de Saint-Sauvant, l'achète et y loge le fermier. On voit encore une vieille tour, au milieu de la cour, une tourelle également à un angle de l'habitation, témoins permanents des siècles passés. C'est tout ce qui a échappé à cette destruction quasi complète.

Venours

Conservé en 1791 à l'épouse divorcée de l'émigré Roland Martel, par décret du district de Lusignan, Venours changea bien souvent de maîtres pendant le XIX⁰ siècle. De 1805 à 1811, sa chapelle servit pour les offices du culte catholique, pendant que les protestants se réunissaient à l'église paroissiale.

Tout d'abord, c'est M. Rivaud qui l'habite, et qui, en 1830, est également propriétaire des fermes environnantes.

En 1854, c'est M. Sommier, qui habite Paris et y vient rarement.

En 1867, c'est M. Auriault, qui continue à laisser l'antique demeure tomber en ruines.

Enfin M. Delaballe, de Rouillé, parti en Amérique, en revient, après avoir recueilli fortune , et achète Venours en 1904. Il démolit tout. Du château, de la chapelle, il ne reste rien. A la place s'élève une maison bourgeoise moderne.

Adieu, vieux manoir de Venours !

Boisgrollier

Monsieur Dubreuil-Chambardel était député du Tiers-Etat, à Paris, lorsqu'il donnait à son fils, à Puymorin, l'ordre d'acheter les biens des émigrés des environs, vendus à vil prix. C'est ainsi que le château de Boisgrollier fut acquis par eux. Ils l'habitèrent jusque vers 1850. Mais bien mal acquis ne profite jamais. Le fils de M. Dubreuil-Chambardel, qui succèda à son père à Boisgrollier, se ruina complètement ; tous ses biens furent vendus , et il se retira à Poitiers où il vécut misérablement. En 1850 , le château fut racheté par Mademoiselle de Boisgrollier, qui demeurait à Saint-Sauvant. Elle vint y habiter pendant une vingtaine d'années. La chapelle du château servit plusieurs fois de lieu de réunion, pendant les missions prêchées à la paroisse. A la mort de Mademoiselle de Boisgrollier, la vieille demeure seigneuriale passa entre les mains de M. Louis Pierre Garnier de Boisgrollier, qui ne l'habite plus. Enfin, en 1906, ce fut Henri Joseph de Boisgrollier qui en hérita, et Mademoiselle de Boisgrollier, de Poitiers, sa tante, en a l'usufruit sa vie durant.

Après la mort de Mademoiselle de Boisgrollier, une partie de la cour du château, des écuries et une grange, furent vendues au fermier, M. Vadier, en 1870. Puis, M. Louis-Pierre de Boisgrollier fit complètement démolir l'antique manoir en 1880, et les matériaux furent cédés à des particuliers. On peut voir encore quelques servitudes, habitées par M. Vadier, ce sont les seuls vestiges épargnés. Toutefois la famille de Boisgrollier a tenu à conserver la propriété de l'emplacement du château, du jardin et de quelques terres y touchant. Elle tire, en effet, son titre de noblesse de cette antique demeure de ses ancêtres.

CHAPITRE XXI

Les Ecoles Chrétiennes

Si les catholiques de Rouillé sont restés très attachés à leurs prêtres et à leur religion, ils le doivent, sans nul doute, à l'éducation chrétienne reçue dans leurs écoles.

§ I

L'Ecole des Sœurs

C'est certainement une grande grâce, que d'avoir possédé pendant près d'un siècle, une école de filles dirigée par les religieuses, Filles de la Croix de la Puye (Vienne).

Cette maison fut établie en 1829. La vénérable fondatrice de l'Ordre, sœur Elisabeth Bichier des Ages, vint elle-même, y installer les premières sœurs. Elle avait tant à cœur que cette petite communauté de Rouillé fasse beaucoup de bien dans ce milieu hérétique, qu'elle y laisse comme première Supérieure, l'une de ses conseillères, sœur Irénée, avec deux autres religieuses.

Lorsque pour la première fois la vénérable sœur vint à pied à Rouillé, elle se rendit directement à l'église pour communier; mais à son grand regret elle ne le put faire, le Saint-Sacrement n'était point conservé dans le tabernacle. M. Berrué, curé, en effet, habitait Jazeneuil et ne venait dire la messe à Rouillé que le dimanche et une fois la semaine.

Les religieuses furent reçues avec enthousiasme par la population catholique. Deux sœurs faisaient la classe, la troisième allait soigner les malades.

Quelques années après, lorsqu'on apprit que sœur Irénée devait quitter la paroisse, mandée pour fonder ailleurs une nouvelle maison, on fit bonne garde pour empêcher son départ; afin de tromper la vigilance de ces braves gens, elle fut obligée de partir la nuit, montée dans une charrette.

A leur arrivée, les premières sœurs furent logées dans la maison occupée actuellement par M. Honoré Bouin. En 1833, Mlle Dauvilliers mit à leur disposition l'immeuble qu'elles occupent actuellement.

Mlle Dauvilliers, en effet, elle-même avait demandé ces religieuses pour Rouillé, et depuis 1829, elle versait tous les ans la somme destinée à leur entretien. En 1852, elle voulut définitivement établir cette fondation. Elle remit à cet effet, à la Maison-mère, les rentes nécessaires, et le décret d'autorisation est du 30 avril 1852, signé : LOUIS NAPOLÉON.

En 1873, le 8 mars, un nouveau décret autorisait la création d'un asile pour les petits enfants, ainsi que d'un orphelinat où 5 petites filles pauvres devaient être élevées gratuitement jusqu'à 13 ans. A cette occasion, Mlle Dauvilliers fonda deux autres sœurs, en même temps qu'elle offrait un autre titre de rente pour la pension des cinq petites filles,

Il est, en effet, utile de remarquer que les écoles des Sœurs et des Bons Frères furent toujours gratuites, et jamais subventionnées par l'Etat. Tandis que dans les autres écoles, jusqu'en 1882, chaque enfant devait verser une rétribution scolaire, qui à Rouillé monta jusqu'à 1 fr. 50[1], jamais il n'en fut ainsi dans nos classes. Même, les enfants pauvres ne payent point les fournitures classiques.

Après sœur Irénée, les supérieures de la maison furent : sœur Marie-Victoire ; sœur Modestine ; sœur Marie-Berthéline ; — sœur Constantin ; sœur Amélie ; sœur Saint-Germier ; sœur Anne-Julie. Puis sœur Berthile-Marie, qui arrivée en 1877 comme religieuse institutrice, fut nommée supérieure en 1882 ; elle dirige encore la maison.

Ces classes fonctionnaient d'une façon merveilleuse, tant par le chiffre des élèves que par les succès scolaires. Mais au mois d'août 1905, elles furent fermées par la loi néfaste sur les Congrégations, qui interdisait aux con-

1. — La rétribution scolaire n'a cessé qu'au vote de la loi sur les écoles gratuites et obligatoires de 1882.

gréganistes d'enseigner. Heureusement nos religieuses avaient leur second décret d'autorisation de 1873 comme religieuses hospitalières. Elles restèrent donc dans leur maison, les classes fermées. Elles y sont encore de nos jours, confiantes dans la Providence pour l'avenir.

§ II
L'Ecole des Frères

Cette école était dirigée par les Frères de Saint-Gabriel, dont la Maison-mère était à Saint-Laurent-sur-Sèvre (Vendée), et dont le fondateur était le Bienheureux Père de Montfort. Ils ont dû quitter la paroisse en 1903, car la loi si injuste sur les Congrégations leur enlevait le droit d'enseigner, à eux qui pendant près d'un siècle avaient instruit tant de générations, à eux les premiers éducateurs au lendemain du désarroi de la Révolution, à eux enfin qui avaient reçu de tout temps et les félicitations de l'Académie et les sympathies de toutes les familles.

Nous avons demandé au Supérieur de cet Institut, de vouloir bien nous écrire une notice sur l'établissement de Rouillé, d'après les archives transportées avec la Maison-mère en Belgique. Nous l'avons reçue, nous la transcrivons, y ajoutant simplement à la fin quelques petits détails.

NOTICE
Sur l'Etablissement de Rouillé (1831 à 1903)

1° Fondation. — But.

L'établissement de Rouillé a été fondé en 1831 par M\ue Dauvilliers, de Poitiers, très dévouée aux intérêts de la religion catholique.

Cette bonne demoiselle recommandait aux Frères de « s'appliquer avant tout, à donner à leurs élèves la religion, à leur en faire aimer et remplir les devoirs ».

2° Programme.

Son programme, en dehors de l'instruction religieuse, n'était pas surchargé, mais il comprenait les matières d'enseignement qui sont les plus utiles aux cultivateurs et aux ouvriers : La lecture, le calcul, l'écriture, un peu de grammaire, de dessin linéaire et d'arpentage devaient être enseignés gratuitement à tous les élèves ».

Pour l'enseignement de toute autre matière, les Frères devaient exiger une rétribution spéciale.

Les Frères étaient libres de recevoir les enfants des autres paroisses et d'en exiger une rétribution, de même qu'ils pouvaient prendre des pensionnaires, mais à la condition bien expresse *que l'instruction des enfants de la paroisse de Rouillé n'en souffrira aucunement.*

L'école devait être entièrement gratuite pour les enfants de la paroisse de Rouillé de 4 à 20 ans.

3° Fonctionnement de l'Ecole.

Cette dernière clause nous donne la raison de la fluctuation incessante et fâcheuse, sous plus d'un rapport, du nombre des élèves qui oscille généralement suivant les saisons entre 35 et 119; d'où nécessité de la présence d'un Frère de plus en hiver.

Les jeunes gens de Rouillé, employés à la culture de la terre, profitaient du repos forcé de l'hiver pour fréquenter l'école. Il y avait donc dans cette école une catégorie d'élèves dont la formation intellectuelle et morale est réputée en tous lieux comme très difficile même quand de tels élèves ne sont pas, par surcroît, revêches à toute discipline.

Mlle Dauvilliers avait donc grandement raison d'écrire que Rouillé n'est pas un pays comme un autre, qu'il fallait un grand dévouement pour y rester.

4° Prospérité de l'Ecole.

Malgré ces difficultés spéciales, l'école fut généralement prospère. A diverses reprises, Mlle Dauvilliers se plaît à constater que « son établissement de Rouillé va

bien, que M. le curé est très satisfait ». Cependant, en
1843, elle demande, avec instance, le changement du
Directeur, le Frère Laurent, « un bien bon homme qui
pourrait convenir dans la Bretagne d'où il vient, mais
qui n'a jamais bien pris à Rouillé ».

5° *Directeurs*.

L'Ecole fut dirigée de 1831 à 1903 par les Frères
Dosithée, Marie-Laurent, Abel, Joseph, Mathurin, Ti-
burce, Zacharie et Lysimaque. C'est donc en tout neuf
directeurs pour une période de 72 ans. Nouvelle preuve
de la bonne marche générale de l'école.

6° *Frère Zacharie*.

Il est vrai que le Frère Zacharie s'adjuge à lui seul
presque la moitié de ce chiffre : 34 ans. En effet, ce
Frère conserva la direction de l'école de Rouillé de 1864
à 1898.

Tout le monde le dépeignait comme un excellent religieux et un maître instituteur, mais plusieurs signalaient
une ombre à ce tableau : le Frère Zacharie est trop
expansif.

Malgré ce défaut, on tenait beaucoup à lui à Rouillé.
En 1872, M. le curé de Rouillé demandait le retour de
ses Frères dans les termes suivants : « Je vous saurais
gré de nous renvoyer nos deux chers Frères, Zacharie
et Tertulle, celui-ci est un ange de douceur et de piété ;
celui-là, à part le caractère, est un excellent religieux.
Sous tous les rapports, la maison est bien tenue ».

Les Frères Visiteurs se plurent également à reconnaître les mérites du Frère Zacharie. L'appréciation
suivante du Frère Léon, en date du 18 février 1865,
résume leurs jugements toujours concordants : « Le
Frère Zacharie tient très bien sa classe; ses élèves ne
sont pas mal instruits ; ils se tiennent très bien en
classe, ils répondent d'une manière satisfaisante ; c'est
fâcheux qu'ils viennent si peu de temps ».

La pointe de regret qui perce dans la dernière réflexion
est particulièrement à l'éloge du frère Zacharie, puisqu'à

cette époque la majorité de ses élèves se composait d'adultes, plus habitués à manier les lourds outils du cultivateur que la plume de l'écolier.

7° *Personnel. — Questions financières.*

L'établissement de Rouillé commença par un seul Frère qui logeait à la cure ; le traitement annuel, versé par Mademoiselle Dauvilliers était de 800 francs. Une somme de 400 francs fut versée par elle pour sa fondation.

En 1834, Mademoiselle Dauvilliers ajoute 100 francs pour avoir un second Frère ; elle procure un petit mobilier et une maison d'habitation, afin que les Frères se mettent dans leur ménage.

Afin d'assurer la perpétuité de son œuvre, Mademoiselle Dauvilliers la dota, le 12 juin 1856, d'une rente nominative de 1.400 francs, sur l'Etat français. La Congrégation de Saint-Gabriel devait fournir deux Frères toute l'année, et à partir de la Saint-Martin jusqu'à Pâques, il devait y en avoir trois.

Le 5 février 1874, nouveau traité. Les Frères doivent être trois tout le temps, et à partir de la Saint-Martin jusqu'à Pâques ils seront quatre. Ils reçoivent un traitement de 2.500 francs. Sur cette somme, les Frères doivent prendre 100 francs pour les élèves pauvres et le chauffage, et 10 francs pour les prix. Ils doivent, en plus, faire dire annuellement trois messes pour la fondatrice de l'école, promesse dont ils se sont toujours acquittés jusqu'en 1903.

L'établissement et le mobilier appartiennent à la Congrégation.

8° *Conclusion.*

En 1903, la franc-maçonnerie a étendu sa main rapace sur ce bien destiné à l'éducation chrétienne des enfants, mais les Frères de Saint-Gabriel, aujourd'hui dans l'exil, se font un devoir de conserver pieusement la mémoire de leur insigne bienfaitrice, Mademoiselle Pauline Dauvilliers.

A ces notes, si précises, nous ajoutons ces quelques détails. En 1837, lorsque le Frère Abel était directeur, le vénérable Père Deshayes, sixième successeur du Bienheureux de Montfort, établit à Rouillé un pensionnat de sourds-muets. Le comité communal des écoles l'approuva, et, après la visite du local, fixa à 20 le chiffre des pensionnaires. C'est l'origine de l'institution régionale des sourds-muets. En 1838, à cause du local trop restreint, cet établissement fut transporté à Loudun, puis en 1856, à Poitiers.

Nous voulons également saluer ici la mémoire du Frère Zacharie que tous les catholiques vénèrent encore de nos jours, et que presque tous ont connu. A l'église, ce Frère tenait l'harmonium ; aux examens de certificat d'études, il avait de nombreux succès ; l'hiver, il avait en classe des jeunes gens jusqu'à l'âge de 20 ans ; il conduisait lui-même tous ses élèves aux offices le dimanche, et les jours de grandes fêtes il les amenait presque tous à la communion.

Ce fut un véritable deuil pour la paroisse, lorsque, fatigué par le travail et par l'âge, le Frère Zacharie dut quitter son poste pour rentrer à Saint-Laurent où il est mort. Son nom est encore sur toutes les lèvres.

En 1903, après le départ des bons Frères, la maison fut revendiquée par la famille Lecointre, héritière de Mademoiselle Dauvilliers. Actuellement, elle sert pour l'école libre de fiilles.

CHAPITRE XXII

Mœurs et Coutumes

Population.

La population pendant le XIXᵉ siècle s'est accrue jusqu'en 1870, pour diminuer ensuite assez sensiblement. Voici quelques chiffres : En 1802, 2.183 habitants ; en 1832, 2.500 habitants ; en 1855, 2.604 habitants ; en 1869, 2.725 habitants ; en 1872, 2.644 habitants ; en 1906, 2.647 habitants ; en 1911, 2.559 habitants, dont 504 dans le bourg.

Depuis 10 ans, la moyenne des naissances est de 65, des mariages, 29, des divorces à peine 1, des décès, 45.

Religion Catholique.

L'antagonisme religieux entre protestants et catholiques, loin d'affaiblir a plutôt contribué à maintenir chez ceux-ci les pratiques religieuses.

Les hommes et les jeunes gens assistent assez régulièrement à la messe et tout aussi nombreux que les femmes. Les communions pascales sont montées, en 1910, à 498, dont 160 hommes. Le nombre des communions pendant toute l'année 1911 a été de 3.700.

Nous devons ces habitudes religieuses à ce grand fait local ; depuis la Révolution jusqu'en 1905, tous les enfants catholiques étaient élevés, garçons à l'école des Frères, filles à l'école des Sœurs. Ces écoles étaient confessionnelles, catholiques à l'école libre, protestants à l'école communale.

Les nombreuses missions et le zèle de M. Damelon et de M. Ballu, ont également beaucoup aidé à propager ce merveilleux élan de religion.

De nos jours il y a, le dimanche, une première messe, alternativement à l'église à 8 heures et à la chapelle de

Thou à 9 heures, puis grand'messe à 11 heures et vêpres à 2 heures. Les grandes fêtes sont très suivies.

Le conseil municipal, quoique ayant été presque toujours entièrement protestant, a laissé en tout temps la plus grande liberté, — ce qui est un honneur pour la commune, — et nous avons toujours fait les processions extérieures.

Les mariages mixtes sont très fréquents, et trop souvent, hélas ! la partie protestante ne tient pas ses engagements. Les mariages civils se contractent aussi parfois, lorsque ni l'un ni l'autre des jeunes gens ne veut céder.

La population catholique va toujours croissant. Le chiffre des catholiques, en effet, fort élevé, après la Révocation de l'Edit de Nantes et les divers édits de Louis XIV et de Louis XV, avait peu à peu baissé. Les moyens violents n'ont jamais produit des conversions sincères. — « Aussi la Révolution avait ramené toute cette population au protestantisme. En 1804, lorsque le premier Consul ordonna le dénombrement de la population de la France par religion, on trouva dans les mêmes paroisses, devenues communes, c'est-à-dire après une période de 120 ans, un nombre à peu près identique de fidèles appartenant à cette religion que Louis XIV, selon les dires de ses panégyristes, avait fait disparaître [1].

Pour Rouillé, voici les chiffres très précis, pris dans une lettre de Tribert, maire, au Préfet, en 1802 : 1542 protestants, 641 catholiques.

Les premiers registres de baptêmes, que nous ayons depuis le Concordat, sont de 1823, 1824, 1825, et la moyenne pour ces trois années est de 13 baptêmes, 6 mariages, 6 enterrements. D'où on peut conclure à une population de 500 à 600 catholiques à peu près.

Les différentes lettres de M. Lepetit (1852), et de M. Lhémeau (1860), adressées à Mgr Pie, attestent 700 catholiques.

Les recensements officiels de la commune, où sont inscrits les cultes de chaque invidu, indiquent en 1866 :

1. — *Poésies de Jean Babu*, par M. A. Richard, p. 44.

1876 protestants et 848 catholiques. Celui de 1872 contient 1862 protestants et 822 catholiques.

En 1873, M. Damelon dresse une liste de ses paroissiens : Nombre de familles entièrement catholiques, 104 ; mariages mixtes, 69 ; mariages civils, 48 ; nombre d'enfants catholiques nés de mariages mixtes ou civils, 129 ; entants protestants nés de mariages mixtes ou civils, 63 ; population catholique, 877.

En 1889, M. Ballu fait un recensement identique, et compte un millier de catholiques.

En 1909, lorsque je passais pour recueillir le denier du culte, je fis le relevé très minutieux de la paroisse. En voici les résultats : population catholique 1200 en chiffre rond ; familles entièrement catholiques, 208 ; mariages mixtes bénits à l'église 71 ; mariages civils ou l'un des deux membres est catholique, 40 ; mariages d'un catholique avec protestant, au temple, 9 ; divorcés, 3. Or, le recensement de 1911 donne dans la commune, 614 maisons avec 679 ménages, ce qui fait 319 ménages ou entièrement catholiques ou dont l'un des membres au moins est catholique, et 360 entièrement protestants [1].

De 1905 à 1910, la moyenne des baptêmes à l'église a été de 32, des mariages 13, des enterrements 17. La moyenne des enfants admis à la première communion a été de 29. Mais tant au registre des naissances à la mairie qu'à celui des baptêmes et des admis à la première communion à l'église, le chiffre des petites filles est toujours supérieur de près d'un quart à celui des petits garçons.

Religion protestante.

Grand temple ou temple des protestants libéraux. — Tous les dimanches, à 11 h. 1/2, dans le grand temple, les protestants libéraux se réunissent sous la présidence de leur pasteur pour le prêche et la lecture de la Bible.

---

1. — Ces chiffres aussi bien que ceux de la population sont exacts à quelques unités près. Car il est moralement impossible aux délégués pour les recensements officiels de ne pas commettre quelques omissions.

A l'issue de cette cérémonie ou auparavant,a lieu l'école du dimanche, c'est-à-dire catéchisme pour les enfants. La première communion ou la cène est toujours fixée à la fête de la Pentecôte, et les enfants, pour y être admis, doivent être âgés de 15 ans, et avoir suivi le catéchisme, le jeudi et le dimanche, pendant une année.

En 1911, le jour de la Pentecôte, ont fait la Cène pour leur première communion, 9 filles et 5 garçons. Les ont accompagnés dans ce rite, 5 hommes et 32 femmes.

Les nouveaux-nés ordinairement reçoivent le baptême au temple ; les jeunes gens y viennent échanger leurs promesses de mariage, et à cette occasion le pasteur leur remet une Bible. Pour ces cérémonies et pour le prêche du dimanche, le pasteur revêt habituellement un costume qui rappelle assez bien la robe de l'avocat.

Protestants orthodoxes.

Ils se réunissent également le dimanche, vers 11 h. 1/2, dans leur chapelle pour le prêche et la prière. Ceux-ci ne reconnaissent ni cène ni baptême.

Chez les uns et les autres, lorsqu'une personne des villages meurt, le pasteur se rend à la maison mortuaire pour la sépulture, et le corps n'est point apporté au temple. Il y fait la cérémonie de l'enterrement, qui consiste dans une première prédication et lecture de la Bible à la demeure du défunt, et une seconde au bord de la fosse dans le jardin ou le champ où a lieu l'inhumation.

Lorsque le mort est dans le bourg ou dans un village très rapproché, alors et seulement le cercueil est conduit au temple.

Les membres de ces cultes ne célèbrent aucune fête tombant un jour de semaine, hormis Noël. A l'Ascension, l'Assomption, la Toussaint, ils continuent à vaquer à leurs travaux habituels.

Réunions de famille.

Une habitude locale très vieille et encore très suivie est l'invitation « aux boudins ». Tous les ans au moins une fois, les fermiers et même les ouvriers tuent un cochon pour le service de la maison. A cette occasion, ils invitent « aux boudins » c'est-à-dire à dîner, les amis et les parents. Ce sont souvent de vrais festins, qui se prolongent dans la nuit ; on y joue aux cartes, parfois on y danse. On y mange, ainsi qu'aux noces, le gâteau du pays « le tourteau fromager », sorte de pâtisserie composée de fromages mous et d'œufs, et enfermée dans de la pâte cuite dans un moule.

Habitations.

Les anciennes maisons encore debout montrent combien jadis les habitations étaient peu confortables. La plupart étaient basses, avec une porte et une toute petite fenêtre ; les murs étaient en « chailles » morceaux de de silex ramassés dans les champs. Depuis 1840 à peu près, elles sont construites maintenant en pierre de carrières — carrières de l'Epine, Petit-Breuil, Grand-Breuil — avec de la chaux et du « bétin », terre rouge, très friable, trouvée en sous-sol.

Costumes.

La blouse « cirée », si en honneur autrefois chez nos ancêtres a une tendance de plus en plus à disparaître. Elle est encore portée par les hommes qui arrivent à l'âge mûr ; les jeunes gens ne connaissent plus que le « paletot moderne ».

Pour les femmes, la cape noire avec capuchon est encore un peu conservée chez celles qui sont en deuil, mais ce costume pourtant d'un port grave et sérieux est bien abandonné. La grande coiffe du pays qui ressemblait à celle de la Mothe-Saint-Héray, très haute et courbée en son milieu, avec deux larges rubans tombant en arrière, est encore en usage pour les grandes fêtes, aux noces, aux grandes foires où va la jeunesse, mais la manie des chapeaux à la mode envahit même nos campagnes.

Agriculture.

Elle a fait d'immenses progrès, pendant le xix⁰ siècle. Au xviii⁰ elle était en complète décadence, et un voyağeur écrivait en 1766 ; si on parcourt le Poitou etl'Anjou, on voit que la moitié de ces provinces sont en bruyères ou en ajoncs ». La mortalité qui règne depuis 1700 et les nombreuses levées de soldats, sous Louis XIV, pendant la Révolution et sous Napoléon, l'expliquent assez. D'ailleurs le cahier de doléances des habitants de Rouillé de 1789, nous dépeint toute la misère de nos paysans.

Jusqu'en 1840, on y cultivait beaucoup de seigle et de baillarge, peu de blé ou d'avoine. On n'avait point tous ces engrais artificiels employés de nos jours, on était souvent réduit aux cendres des brûlots d'ajoncs ou de genêts. Ne connaissant point les prairies artificielles et ayant, à cause du manque d'eau, peu de prés naturels, l'élevage du bétail était très difficile.

De nos jours, tout est changé. La chaux de l'Epine est d'un usage courant comme fumure ; d'autre part le blé et l'avoine sont devenus les deux grandes cultures, qu'on soigne avec les engrais chimiques.

Pour le battage des céréales, au fléau d'abord, au rouleau ensuite, ont succédé les batteuses à vapeur. Puis sont venues les machines agricoles pour la culture. C'est vers 1860 que nous arrivent tous ces perfectionnements, qui, essayés dans les fermes dépendant du château de Curzay, se sont répandus ensuite dans toute la contrée.

Nous avons copié ici la statistique agricole de la commune pour 1911 :

Terres labourables en cultures, en prairies artificielles, 4.631^h; prés naturels, 20^h; pâturages ou pacages, 60^h; vignes, 40^h; cultures maraîchères, jardins, 4^h 5; cultures diverses, 23^h; bois, 260^h; landes, terres incultes, 166^h. En blé, 775^h; en seigle, 35^h; en orge, baillarge, 80^h; avoine, 855^h, pommes de terre, 160^h; topinambours, 75^h; betteraves, 185^h; choux, 20^h; trèfle, 275^h; luzerne, 980^h; sainfoin, 200^h;.....

Emigration.

Malgré un excédent très sensible des naissances sur les décès, tous les ans, la population baisse dans des

proportions relativement importantes. Nous le devons
à l'émigration. Beaucoup de nos jeunes gens quittent
nos campagnes pour la ville, afin d'y occuper quelques
places rémunératrices. Le cas est moins fréquent pour
les jeunes filles. Aussi il est certain que, si l'agriculture
n'avait point toutes ces machines agricoles qui sup-
pléent aux bras absents, elle ne pourrait se suffire.

Pourtant le prix des domestiques des fermes s'étant fort
élevé, ce mouvement semble se ralentir.

Puissent nos jeunes gens et nos jeunes filles ne quitter le sol natal qu'à la dernière extrémité !

Villages.

Nous allons donner la liste complète des 64 villages
de la commune :

Augerie (l')
Baillerie (la)
Bas-Village (le)
Bois d'Augère (le)
Boisgrollier
Boutodière (la)
Borderie (la)
Brantelet
Breuil (le Grand)
Breuil (le Petit)
Breuilleté
Bruyère (la)
Champlieu
Champ-le-Roi
Chapletière (la)
Charantonnière
Château de Boisgrollier
Château de Venours
Chauday
Chaumes (les)
Chaurière (la)
Chetonnière (la)
Coulombière (la)
Crieuil
Epine (l')
Etournelière (l')
Fasonnière (la)
Fontaine (la)
Fouchardière (la)

Gautelière (la)
Garnaudière (la)
Gouvanière (la)
Gros-Pair (le)
Herbertière (l')
Jarrilière (la)
Lambertières (les)
Laudraudière
Lausonnière
Lombas (le)
Les Touches de Boisgrollier
Les Touches du Grand Breuil
Les Touches du Petit Breuil
Maison brulée (la)
Moulin de Crieuil (le)
Martron
Nardenne
Pétinière (la)
Pinier (le)
Poinière (la)
Poirière (la)
Poutort
Ragotière (la)
Renoncière (la)
Saugoux
Sauvagère (la)
Serpentin (le)
Souilleau (le Grand)
Souilleau (le Petit)

Terraudière (la)
Thou
Venours
Verdoisière (la Grande)
Verdoisière (la Petite)
Virlaine (la).

TABLE DES MATIÈRES

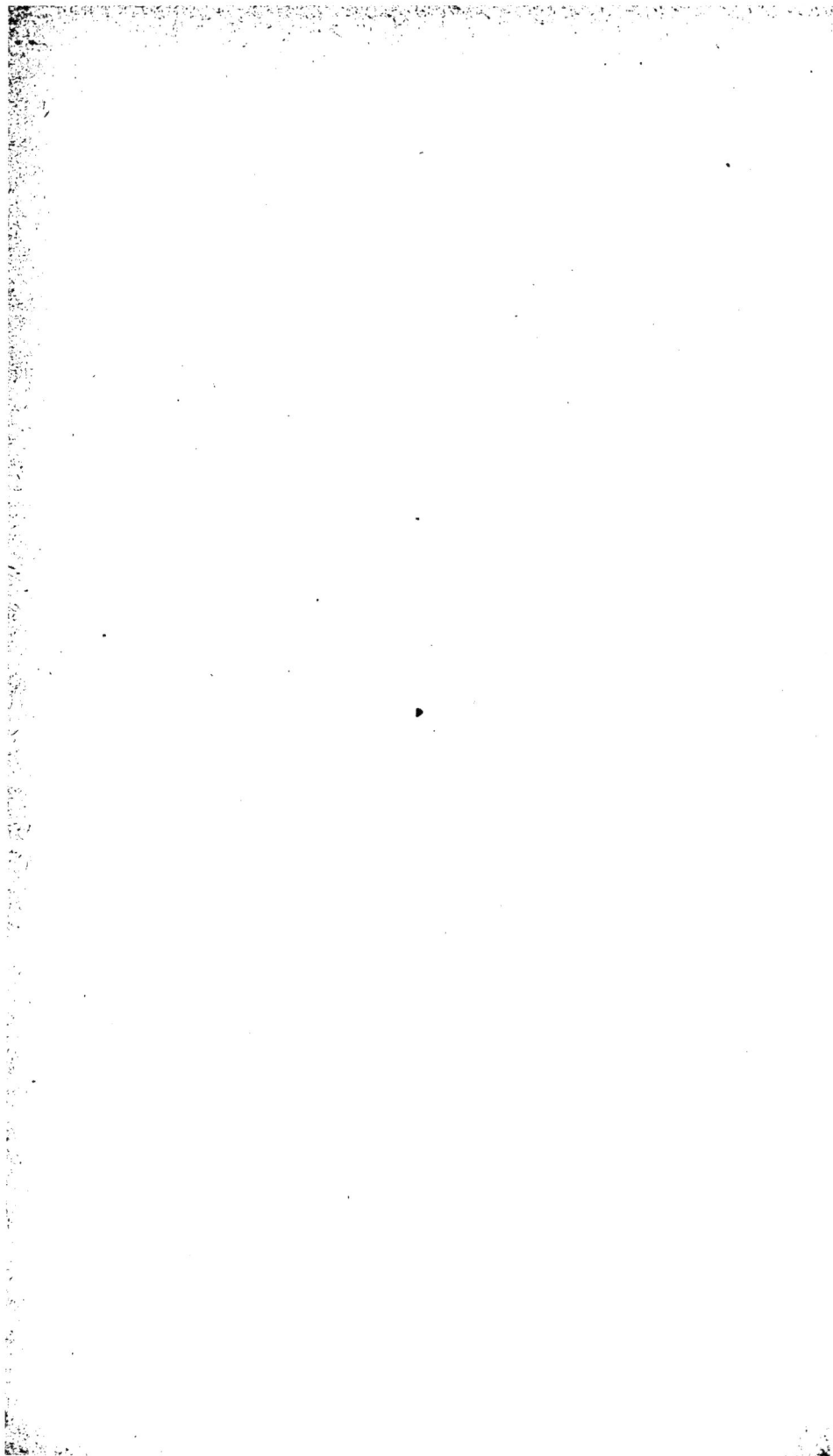

TABLE DES MATIÈRES

A mes paroissiens V

PREMIÈRE PARTIE
Notions préliminaires
CHAPITRE Ier
Aspect général contemporain

Situation 7
Voirie 8
Climat 9
Culture 10
Commerce 13
Administration 14
Religions 17
Aujourd'hui et autrefois 17

DEUXIÈME PARTIE
Histoire générale des premiers siècles
CHAPITRE II

§ I. — Les premiers habitants. — L'époque quaternaire. — L'âge de pierre. — L'âge de bronze et
de fer. — Peuplade celtique. 19

§ II. — Les Poitevins. — Les Romains. — Les
Gaulois. — Fondation du *Fundus Rolliacus* (commune de Rouillé) au temps gaulois . . . 21

§ III. — Les premiers chrétiens. — Donation de
Clovis, de Clotaire et des autres rois, de la terre
de Rouillé, à l'abbaye de Saint-Hilaire de Poitiers.
Pillage des barbares 26

CHAPITRE III

L'abbaye de Saint-Hilaire 30

CHAPITRE IV

§ I.— Origine et construction de l'église . . 32

§ II. — Les différentes chapelles à l'église et au
cimetière 34

§ III. — Le Presbytère 35

CHAPITRE V

Cultes de nos aïeux 37

CHAPITRE VI

§ I.—L'an mille.—Les premiers curés de Rouillé 40

§ II. — Rouillé sous la domination anglaise. . 43

CHAPITRE VII

Le Protestantisme

§ I. — Prédication du protestantisme. — Calvin dans la contrée (1534-1550). 46

§ II. — Passage des armées protestantes. — Pillage de l'église 48

§ III. — Guerres de religion. — Bataille de Rouillé, 1568. — La Saint-Barthélemy à Rouillé et dans le Poitou 53

§ IV. — Le culte catholique après les guerres de religion. Dernières luttes religieuses (1615-1629) . 57

§ V. — Premières conversions. — Révocation de l'Edit de Nantes, — Dragonnades à Rouillé. — Emigration des Protestants. 60

§ VI. — Le culte catholique à la Révocation de l'Edit de Nantes. — Noms des curés . . . 68

CHAPITRE VIII

Le dix-huitième siècle

§ I. — Le culte protestant 71

§ II. — Le culte catholique. — Misère et mortalité au XVIIIe siècle. — Incendie de l'église. — Noms des curés 73

CHAPITRE IX

L'ancien régime

§ I. — Les impôts à Rouillé 80

§ II. La dîme à Rouillé 82

§ III. — La justice à Rouillé 85

CHAPITRE IX (suite)

Les Châteaux

§ I. — Venours et son seigneur protestant Charles de Gourjault 88

§ II. — L'Augerie 93

§ III. — Boisgrollier 98

§ IV. — Lansonnière 101

§ V. — Autres fiefs 102

TROISIÈME PARTIE

Epoque contemporaine

CHAPITRE X

La Révolution

§ I. — 1789. — Cahier de doléances des habitants de Rouillé pour la réunion des Etats généraux 103

§ II. — 1791. — Vente des biens de l'église. — Première fête du 14 juillet. — Emigration . . 109

§ III. — 1792. — Deux habitants de Rouillé reçus par Danton à Paris. — Prise des registres paroissiaux 113

§ IV. — 1793-1794. — Perquisitions domiciliaires. — Eglise devenue temple de la déesse Raison. — Suppression du dimanche. — Brunet, curé assermenté. — Sa rétractation 115

§ V. — 1795-1800. — Fin de la Révolution. — Premier ministre protestant à Rouillé. — Maires pendant la Révolution 120

CHAPITRE XI

Le dix-neuvième siècle. (1800-1830)

§ I. — L'Empire. — Les Cent-jours. —La Restauration. — Esprit révolutionnaire . . . 122

§ II. — Nombreux curés qui se succèdent. — L'église devenue temple protestant. — Un héros de la foi, M. l'abbé Alexandre 123

CHAPITRE XII

Le dix-neuvième siècle (suite) (1830-1870)

§ I. — Les maires. — Construction de la ligne de chemin de fer 131

§ II. — Premiers curés résidant. — Etats de catholicité 133

CHAPITRE XIII

1870-1900. — Proclamation de la République. — Les écoles en 1871 136

CHAPITRE XIV

1870-1900. — Les curés de Rouillé . . .

§ I. — M. l'abbé Damelon, son œuvre . . 139

§ II. — M. l'abbé Ballu, son œuvre . . . 144

§ III. — Le miracle de Clémentine Trouvé . 145

CHAPITRE XV

§ I. — M. l'abbé Cotillon, M. l'abbé de Lestrade. — § II. — M. l'abbé Baudoin 150

CHAPITRE XVI

L'église de 1800 à 1911 154

Appendice. — Inventaire de 1906. — Installation d'une horloge 159

CHAPITRE XVII

La chapelle de Thou 161

CHAPITRE XVIII

Mademoiselle Pauline Dauvilliers. — Ses fondations à Rouillé 163

CHAPITRE XIX

Le protestantisme pendant le XIXᵉ siècle

§ I. — Le prêche dans un champ de la Jarrilière, puis à l'église paroissiale 169

— 205 —

§ II. — La grange dîmière devenue temple protestant. — Construction d'un temple . . . 174

§ III. — Pasteurs pendant le xi xe siècle . . 176

§ IVe — Prédication des protestants orthodoxes
Construction de leur chapelle. 179

CHAPITRE XX

Les châteaux pendant le XIXe siècle

L'Augerie. — Venours. — Boisgrollier . . 181

CHAPITRE XXI

Les écoles chrétiennes

§ I. — L'Ecole des Sœurs 184

§ II. — L'Ecole des Frères et l'école libre actuelle 186

CHAPITRE XXII

Mœurs et Coutumes

Population 191
Religion catholique. 191
Culte protestant 193
Protestants orthodoxes 194
Réunions de famille. 194
Habitations 195
Costume. 195
Agriculture 195
Emigration 196
Villages 197
Table des matières 199

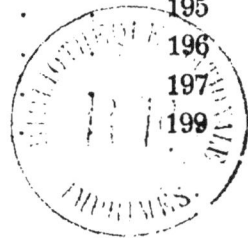

ERRATA

Page 10, note 1, chataiginers, lire, *châtaigniers*.

Page 11, 16e ligne, être crées, lire, *être créées*.

Page 17, 13e ligne, prostestants, lire, *protestants*.

Page 25, 5e ligne, remparta, lire, *rempart a*.

Page 29, 14e ligne, d'Elbes, lire, *d'Ebles*.

Page 32, au titre, § V, lire, § *I*.

Page 53, 12e ligne, armées ennemis, lire, *armées ennemies*.

Page 65, note 1, Registre paroissiaux, lire, *registres paroissiaux*.

Page 67, 20e ligne, D'autres part, lire, *D'autre part*.

Page 82, 7e ligne, 1717, lire, *1787*.

Page 92, note 3, de Fayoble, lire, *de Fayolle*.

Page 97, note 1, de la Vieune, lire, de la *Vienne*.

Page 166, 23e ligne, sur les jugements, lire, *sur les jugements déjà rendus*.

Page 172, 27e ligne, M. Bonnefous, lire, *M. Bonnefons*

Page 190, 28e ligne, de fiilles, lire, *de filles*.

Javarzay-Chef-Boutonne. — Impr. A. MORÉAU et Cⁱᵉ

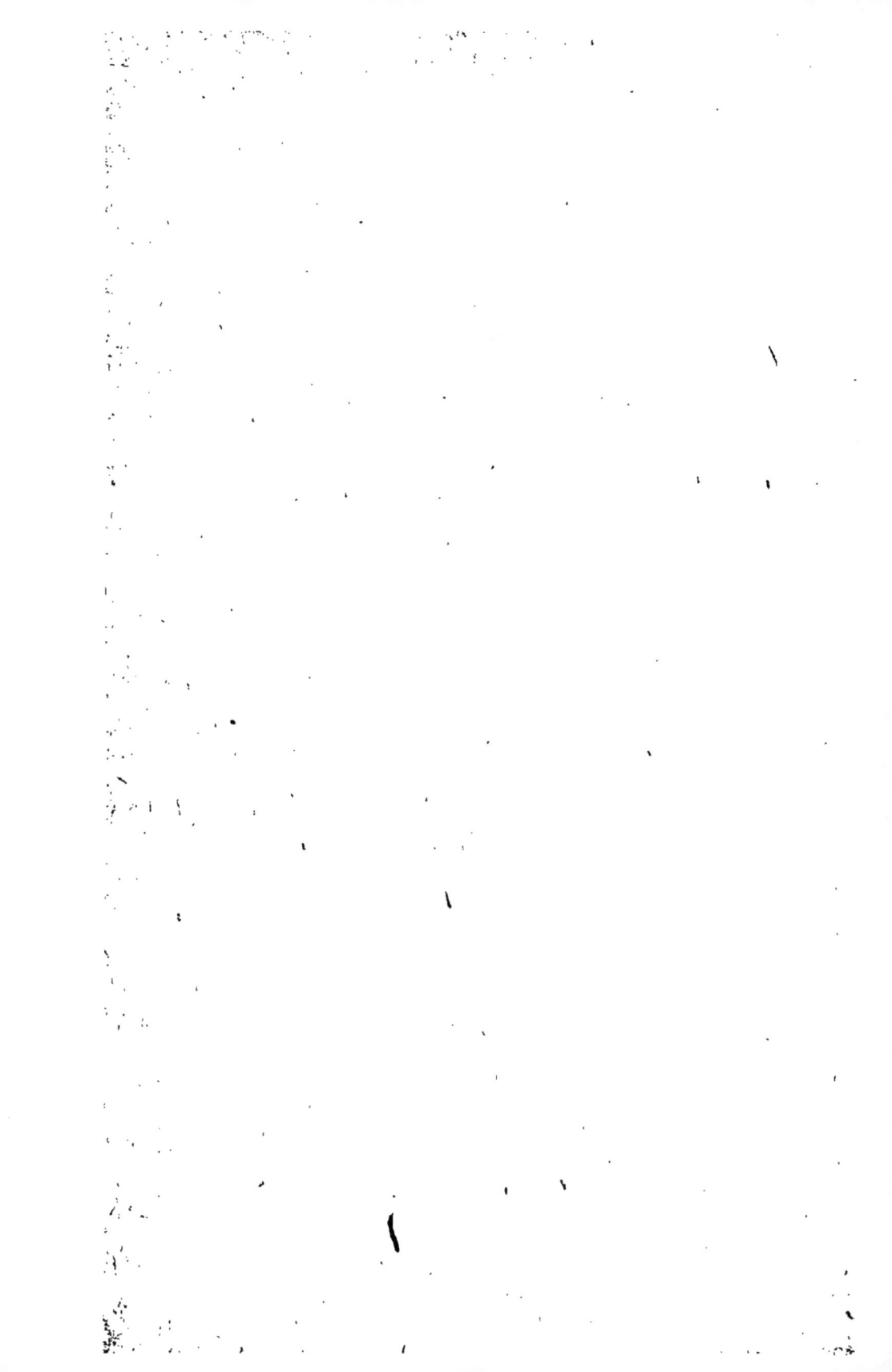

www.ingramcontent.com/pod-product-compliance
Lightning Source LLC
Chambersburg PA
CBHW071943090426
42740CB00011B/1795